격파완결

태권도 시범

자유품새 기술수록

곽택용 저

박영사

머리말

1992년 국가대표시범단원으로 첫 해외 파견을 나갔다. 그 해 중국과 수교가 처음 시작되어 태권도 파견은 더욱 의미가 있었다. 어떻게 시범을 했는지는 아무것도 기억나지 않지만 당시의 설렘과 긴장감은 지금도 생생하다.

매주 훈련을 위해 국기원을 오가며 시범에 대한 매력을 더 알게 되면서 각 기술 부분에 대해 관심을 갖기 시작하였다. 당시 시범 기술은 개개인 경험을 바탕으로 구전으로 전해내려 왔으며 기술 동작의 지도서는 찾아보기 힘들었다.

국가대표 단원으로 시작하여 주장과 코치를 거쳐 부감독을 맡으며 시범 격파 책이 꼭 있어야 한다고 느꼈다. 시범에 대한 여러 경험을 토대로 체계적인 격파 기술 책을 만들어야겠다는 숙제를 늘 가슴에 품고 준비한 과정이 벌써 10년이 넘은 듯하다. 늦었지만 이제라도 시범 책을 출판하게 되어 홀가분하면서도 시원섭섭하다.

이 책은 독자들이 좀 더 편하게 시범에 대하여 알 수 있도록 이론과 실기 방법을 사진과 함께 풀어놓았다. 어떻게 하면 보다 쉽게 동작을 할 수 있을지, 격파에 대한 위험은 어떻게 준비하고 대처해야 할지 등 시범격파 전반에 대한 궁금증을 해결할 수 있을 것이다.

시범에 관심을 두고 있는 분들께 조금이라도 도움이 되는 안내서가 될 수 있기를 바라는 마음으로 심혈을 쏟은 책이다.

일선 도장에서 시범을 가르치거나 배우고 싶은 지도자나 관원생, 격파를 전문적으로 배우고 싶어 하는 독자들에게 시범의 지침서가 될 수 있길 바란다. 격파의 체계적인 방법을 익히고 효율적인 훈련을 통해 시범의 화려함과 태권도의 본연의 멋을 살릴 수 있기를 소망한다.

2020년 7월 용인대 연구실에서

곽 택 용

차례

차례

APPENDIX 부록

태권도 격파의
본질

01 격파의 정의

격파는 목표물을 타격하는 기술로써 태권도 기술의 수준과 위력을 측정할 수 있는 평가의 기준이다. 수련을 통하여 대인간화(對人間化)된 송판이나 기와, 벽돌 등의 격파물을 타격함으로써 수련자의 위력과 기량을 측정하고 평가할 수 있다. 단련된 신체의 한 부분을 이용하여 격파물에 충격을 가하고 이러한 충격량의 전달 결과, 격파물이 파괴되는 것과 같은 형체 변화가 나타나게 되는 현상을 격파라 한다.[1]

일반적으로 충격량은 힘과 시간(force×time)에 의해서 결정되며 충격량을 크게 하기 위해서는 강한 힘을 오랫동안 지속해야 한다. 이러한 역학적 원칙은 태권도의 격파에도 적용된다. 충격량을 크게 하기 위하여 단련된 손과 발의 끝단을 사용하며 폭발적인 힘을 최대의 속도로 격파물에 전달하는 것이다. 이러한 격파의 과정에서 고도의 정신집중과 힘의 집중이 요구되며, 정신, 힘, 기술이 하나가 되었을 때 격파의 완성을 이루게 된다.[2]

신체 움직임을 통하여 자신의 감정, 태도, 의사 등을 표현하며 전달하는 아름다운 활동이기도 하다. 이렇듯 격파는 몸의 단련된 부위로 물체를 가격하여 그 위력과 기술을 표현하는 것인데 단순히 격파물을 파괴하는 것이 아니라 정신과 육체의 혼연일체 모습이 함께 이루어질 때 진정한 격파라 할 수 있다.

---

1) 장권 외(2011). 태권도 개론. p. 325.
2) 위의 책.

02 격파의 의미

격파는 자신의 능력을 최대한 발휘하여 격파를 완성시키는 것이다. 손 또는 발의 단련 부위를 통하여 단련된 기술과 파괴력을 보여주는 것이다. 격파는 자신이 가지고 있는 기술력을 체공 또는 지면에서 손과 발의 협응력을 가지고 격파하는 동작이다. 인간의 한계에 점층적으로 도전하여 기술 향상을 가져오는 것이며 격파자는 실용가능한 격파물을 설정하여 격파에 임해야 한다. 완파는 상대방을 제압하는 기술과 마찬가지로 중요성을 띠고 있어 정확한 기술이 상대에게 타격이 이루어졌는가는 격파물의 완파로 추측할 수 있다.

2006년 작품명: 신화, 국가대표시범단의 태권도 공연의 첫 작품이며 필자의 공연 모습이다.

1) 격파의 표현력

격파는 관중을 끌어들여 이해시키고 공감대를 형성하게 만드는 힘이 있어야 한다. 그것은 기술이나 위력의 격파에서 끝나는 것이 아니라 자세, 기합, 눈빛, 움직임 하나하나에 집중하여 정신력을 표현하고 나아가 자신을 용기있게 표현할 수 있어야 한다.

2) 격파 시 근육의 신전과 굴곡 운동

태권도 격파는 신근을 많이 사용한다. 다리를 펴면서 차올린다거나 가위차기로 벌리며 차는 동작이 많다. 따라서 근육의 신전성과 탄력성에 대한 이해가 무엇보다 중요하다. 이것은 신체의 접고 펴는 동작과 밀접한 관계가 있다. 그 예로 가위차기, 양발 뛰어 앞차기 동작은 자세를 낮추었다가 위로 뛰면서 상체를 펴고 다리를 벌리면서 발을 차는 기술 동작의 격파라 할 수 있다. 굴곡과 신전을 이용한 단발성의 치기, 지르기, 차기가 있다. 또한 여러 기술을 체공에서 구사하기 위해서는 빠르게 차고 접어 다시 차는 기술이 필요하며 빠르게 차기 위해서는 빠르게 접고 빠르게 펴는 근육을 효과적으로 발달시켜야 한다. 격파 속에는 이러한 근육의 발달과 움직임을 조정할 수 있는 능력이 향상되는 것을 알수 있다.

3) 격파의 완성

격파의 완성은 인위적인 힘의 전달이 아니라 자연스러운 힘의 전달을 말한다. 기술과 근력을 발달시켜 어떠한 상황에서도 흔들리지 않고 자신이 가지고 있는 기량을 몸으로 체득하여 습관화시키고 연습과 같이 실전 격파에서도 100%로의 자신감을 가지고 격파 부위에 임팩트를 줄 수 있는 기술을 완성이라 말할수 있다.

격파 기술의 훈련이 안 된 격파자는 자신의 힘을 과시하고 자신의 가지고 있는 힘으로 밀어붙여 격파하는 것은 격파의 완성이라 말할 수 없다. 자신이 사용하는 부위의 단련과 그 부위에 힘과 기를 얼마만큼 모아 전달시켜주는가에 대한 완성이 이루어졌을 때 완벽한 격파이다.

태권도 격파 속에 가지고 있는 목표, 집중, 인내, 도전, 정신이 함께할 때 격파의 완성을 가져올 수 있다.

격파는 과장된 동작의 크기가 아닌 자연스러운 연결이 속도와 함께 이루어진 완벽한 격파를 말한다.

격파의 완성이란

① 자신이 갖고 있는 격파의 능력을 최대한 표현하는 것이다.
② 시범의 격파는 자신의 능력에 맞게 여러 가지 동작을 연결하여 안정되게 격파하는 것을 말한다.
③ 격파는 도움닫기를 최대한 이용하여 체공 또는 가로축 회전(수평축), 세로축 회전(수직축)의 기술을 발휘하여 힘의 균형을 가지고 격파하는 것을 말한다.
④ 도움닫기는 때론 전력 질주의 속도가 필요하지만 격파의 요소에 따라 속도를 조절할 수 있는 도움닫기 전략이 필요하다.
⑤ 자신의 신체에 맞는 기술 동작을 창출하여야 한다. 처음에는 타인의 기술을 모방하여 수련할지라도 자신의 신체적 특징에 맞도록 개성을 충분히 살리며 시연해가는 것이 중요하다.
⑥ 태권도 격파 속에는 예술적인 요소를 가지고 있어야 한다. 표현되는 동작에서 위력적이면서도 우아함이 담긴 아름다운 운동 형태를 보여줄 수 있을 때 비로소 격파가 완성되는 것이다.

03 격파의 지도방법

태권도 격파는 넓은 의미에서 태권도 기술뿐만 아니라 동작의 수련으로 근력을 강화시켜 심각한 부상을 방지할 수 있으며 자신의 몸을 효과적으로 다루는 대처 능력도 기를 수 있다.

태권도 격파에 필요로 하는 근육으로 속근섬유는 인체의 근육 중 빠르게 수축하는 힘을 말한다. 주로 단시간에 힘을 폭발적으로 에너지를 이용하여 힘을 낼 수 있다. 시연자는 이 근육이 잘 발달하여야 기술 구사를 원활히 할 수 있다. 대체로 유연성이 좋으면 순간적인 힘과 속도는 떨어지며, 순발력의 힘을 가지고 있으면 유연성이 떨어지는 근섬유의 성질이 있다. 하지만 계획적이며 오랜 시간을 두고 수련을 통하여 상반되는 특징의 능력을 향상할 수 있다.

지도자는 단지 격파 기술만 지도하는 것이 아니다. 지도하는 방법과 의미를 다시 한번 유의하여 지도하여야 한다. 격파의 지도방법은 다음과 같다.

1) 순서대로 자세히 설명하여야 한다.

자세 시작점부터 끝나는 착지까지의 동선과 동작 몸의 형태 자세를 세세하게 설명하여준다.

2) 격파자 개별 근력을 확인한다.

격파자의 근력과 힘이 그 기술을 사용하기에 적절한지 확인하고 훈련한다. 근력이 형성되지 않을 시 근력을 키운 후 기술 훈련에 들어간다.

보조동작 형태의 기초 훈련을 시켜주어 적응하도록 한다.

3) 연습시간을 충분하게 준다.

중심의 이동, 무게 중심, 균형, 발의 각도, 체공의 형태 등의 기능을 배우기 위해서는 충분한 시간의 연습이 필요하다.

기능을 익히기 위해서는 많은 기술의 복습이 중하며 그 복습으로 통한 자기 기술의 완성을 가질 수 있다.

4) 오랜 반복의 중요성

기술을 습득하고 몸이 자연적으로 움직여 기술의 완성에 이르기까지는 반복의 시간이 필요하다. 반복적인 숙달을 통해 그 기술을 습득하고 자동화된 움직임의 격파를 할 수 있다.

5) 그 동작에 대하여 인지적 사고를 연결해준다.

그 동작에 대하여 설명하고 왜 동작이 이루어지는지, 왜 그렇게 해야 하는지에 대한 토의가 필요하다. 지도자와 대화를 통해 피드백을 주고받으며 원하는 형태의 자세를 이론적으로 풀이하여 문제의 원인과 대안을 함께 제시한다.

6) 유연성을 통한 최대 가동범위 움직임 효과를 가져온다.

여러 근육을 조화롭게 사용하여 신체에 무리를 주지 않고 빠른 움직임을 통한 강한 타격을 줄 수 있다. 가동범위를 크게 하여 타격 시 더 큰 타격을 줄 수 있다. 인위적인 가동범위를 늘리는 것이 아니라 유연성을 높여 자연스러운 가동범위를 늘려 힘의 전달을 효과적으로 사용하는 방법을 터득할 수 있도록 한다. 유연성이 부족할 때는 낮은 각도에서 격파가 이루어지게 되므로 유연성을 높인다면 여러 다각도에서 격파할 수 있을 것이다. 이러한 섬세한 근육을 발달시킨다면 정확한 목표를 타격하거나 밟기, 착지 등 타격을 주기 위한 보조 몸놀림과 타격을 하고 나서 착지의 부상률을 줄이는 데에도 큰 연관성이 있다.

격파 기술지도의 운동 형태학적 인식

격파 기술지도의 운동 형태학적 인식이란 단계별 형태를 거쳐서 동작이 완성되는 것을 말하며 완벽한 기술을 통한 동작의 완성은 자동화라 부른다. 첫 번째 단계는 기술동작을 보고 숙지하고 따라하는 체험을 통한 기초 체득 단계로서 격파의 조합화이다. 두 번째 단계는 정확한 기술의 습득이다. 세 번째 단계는 격파의 완성인 자동화라고 말할 수 있다. 자연스러운 움직임의 격파가 완성된 형태를 만든다.

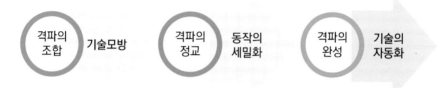

격파 기술의 자동화 단계

1) 격파의 조합화 〉 동작형태 모방 기술의 발견

격파의 기본적인 뛰기, 돌기, 착지하기, 차기, 지르기 등의 동작을 숙지하고 습득한다. 점진적으로 제자리에서 동작 기술을 완성하고 체공에서의 기술을 체득한다, 여러 동작을 동시에 할 수 있는 손과 발의 협응 동작 기술을 시행할 수 있는 능력을 말한다.

2) 격파의 정교화 〉 정확한 동작의 기술 습득

동작의 정교한 세부적인 기술력을 습득하고 체득하는 단계이다. 격파 기술을 인지하고 몸으로 습득하여 기술을 표현하고 체득하기까지 반복적인 연습이 필요하며 이 노력은 정교화된 기술력으로 연결된다.

3) 격파의 완성 〉 격파 기술의 자동화

하나의 기초 기술을 습득하고 그 기술이 완성의 단계에 이르기까지 반복적인 운동과정에서 기술이 자동화되어 기술의 완성을 하게 된다.

기술 형태의 조합, 정교, 완성은 자기 몸에 맞는 기술 형성의 자동적인 현상의 움직임 단계로 나타나게 된다.

05 격파 수련이란 무엇인가?

격파의 수련은 격파 향상을 목표로 장기간에 목표를 두고 수련하는 것을 말한다. 최대한의 운동 효과를 발휘하기 위해서는 자기의 신체 능력에 맞게 서서히 기술 난도를 높이는 것이 중요하며 조직적이고 단계적인 반복 수련이 필요하다. 이것은 격파에서 완파할 수 있는 능력을 갖추며 최고의 동작을 실행할 수 있는 단계에 이를 수 있다.

1) 자신의 기능 파악

자신의 체력 및 근력과 유연성을 어느 정도 알고 있는지가 중요하다. 격파하기 전 자기 자신의 기능을 확인하고 수련에 임해야 하며 실제 격파에서도 자기 기능의 수준에 맞는 격파 기술에 도전해야 한다. 무리한 격파는 큰 부상을 초래

하므로 자신의 기능을 정확히 파악하는 것이 무엇보다 중요하다.

2) 기초 체력

기본적인 체력이 있어야 응용 동작의 기술을 부상 없이 수행할 수 있다. 격파의 기초적인 도움닫기와 뛰어오름에 있어 근력 형성의 기초적 체력이 뒷받침되어야 부상이 없는 격파가 이루어질 수 있다. 격파에는 여러 중요요소가 있지만 먼저 기초 체력이 바탕이 되어야 한다. 기초 체력은 자신의 신체를 알고 몸의 움직임을 자유롭게 뛰어올라 단일 또는 복합 동작을 하고 난 후 안전한 착지를 할 수 있는 능력을 말한다.

안전한 착지란 체공에서 수행능력을 발휘하고 난 후 자신의 체중을 발바닥 또는 신체 전체를 이용하여 안전하게 착지하는 기술이다. 경기에서는 착지가 불안하고 무릎 위 신체가 지면에 닿으면 감점처리가 되는 규칙이 포함되어 있기에 더 중요하다. 안전한 착지는 자신의 몸을 자유자재로 움직일 수 있는 능력, 즉 그만큼의 힘이 필요하다.

3) 기술 습득

격파에 필요한 기술을 습득하고 몸으로 반응하여 가장 적절한 몸놀림을 통해 격파가 이루어지는 것이다. 기술을 습득하기 위해서는 반복적이고 끊임없는 연습이 필요하다. 반복연습이 뒷받침된 점층적인 기술의 향상으로 그 기술에 대한 표현력과 숙련성은 한층 더 성장할 것이다.

4) 신기술 도전

새로운 응용 기술에 관한 연구과 관찰을 통하여 좀 더 난이도 있는 신기술 개발에 도전한다. 인간의 한계에 도전한다(도전과 꿈은 실현 불가능을 가능하게 한다. 예: 540° 뒤 후려차기 회전 기술에서 현재 900°~1080° 뒤 후려차기 회전 기술로 발전).

5) 정신력 집중

긴장되고 흥분된 자기 신체적 불안한 상태와 주위 환경에서 오는 부담감 등의 문제에 적응하고 이겨낼 수 있는 정신력의 향상을 가져온다.

06 격파의 효과

격파는 태권도의 위력적 표현 수단과 기술적 표현 수단이다. 태권도의 여러 가지 기법으로 격파물을 격파함으로써 태권도가 가지는 그 위력과 기술의 실용성을 실증해주며, 또한 고도의 정신집중으로 인간의 힘과 기술에 대한 한계에 도전하고 극복하는 강인한 면모를 보여준다.[3]

1) 격파 시에는 고도의 정신집중이 필요하므로 집중력이 길러진다.
2) 강인한 체력과 함께 유연한 마음 자세를 갖추도록 심신을 연마하여 심적 여유를 갖게 한다.
3) 자신의 능력을 극화하기 위하여 부단한 노력의 자세를 갖는다.
4) 육체와 정신을 일치시키고 힘을 한곳으로 모아서 격파할 수 있는 능력이 생기며 격파를 함으로써 자신감이 생긴다. 이 자신감은 매사에 긍정적이며 적극적인 생활 방식으로 변화된다. 격파를 통한 강건한 정신과, 신체를 유지한다.
5) 기합은 최대의 힘을 발휘할 수 있는 일종의 호흡 방식이며, 격파하기 전 호흡을 다듬고 정신을 집중할 수 있는 단전호흡의 효과가 있다.

---

3) 최영렬(1993). 태권도 시범.

07 격파 시 유의사항

격파는 수련자의 기술과 위력을 측정하는 방법과 기술과 위력을 선보이는 시범으로 나눌 수 있다. 격파 속에는 수많은 위험요소가 있으므로 다음과 같은 유의사항에 각별히 신경 쓰고 격파에 임해야 한다. 격파에서의 부상은 작은 부상이 아니라 신체활동과 연관된 큰 부상으로 이어질 수 있어서 더욱 숙지하여 부상을 사전에 방지할 수 있다.

1) 태권도 격파는 자신의 수련에 대한 능력을 평가하는 것이나 그 능력의 기준을 둘 수 없으므로 매우 조심스럽게 격파에 임해야 한다.

2) 격파의 모습은 때로는 통쾌하고 멋있어 보일지 모르나 수련의 강도나 기술력에 따라 위험요소가 많이 도사리고 있으므로 특별히 조심해야 한다.

3) 지면이 무엇으로 되어있는지에 대한 관찰과 그것에 따른 대처 시범방법이 필요하다(예: 지면이 마루인지, 태권도 매트인지, 야외 흙인지, 잔디인지, 시멘트 바닥인지에 따라서 격파 방법과 위험요소의 난도를 낮추어야 하겠다. 지면 마찰 때문에 미끄러질 수 있으므로 안전에 주의해야 하겠다).

4) 훈련 시에 체공 상태에서 착지점에 안전하게 신체활동을 하고 내려올 수 있도록 매트나 기구들을 이용하여 안전사고에 예방한다. 체공에 의한 높은 목표물 격파 연습은 바닥을 안전하게 만들어놓아야 한다. 두꺼운 매트를 통하여 안전에 유의하고 많은 반복 연습이 끝난 후 실전에 들어가야 한다.

5) 격파를 통하여 신체를 잘 관리하는 법을 배우며 격파를 통하여 격파의 즐거움도 알도록 한다.

6) 격파 수련 시간에는 장난치는 일이 없도록 한다. 격파 시에는 여러 가지 위험한 환경에 노출되어 있어 사고에 특별히 조심해야 한다.

7) 초보적인 수준일 때는 바닥에서 앉아서 또는 서서 연습한 후 점프 동작의 단계별 훈련을 시행해야 한다.

8) 격파 시 안전하게 움직일 수 있는 넓은 곳에서 수련해야 한다.

9) 보조자를 통하여 체공을 띄울 때는 상대방과의 호흡이 중요하며 상대의 원하는 발 딛는 위치 및 리듬을 인식하고 하나가 될 수 있도록 집중하여야 한다.

10) 발차는 각도에 따라 격파 시 송판 파편이 튀길 수 있어 격파 시 송판이 튀지 않는 방향으로 얼굴을 돌려 부상을 방지해야 한다.

11) 적절한 휴식과 훈련을 안배하면서 실시하도록 한다.

12) 격파는 한순간에 습득하는 기술이 아니므로 많은 시간의 단련이 필요하다(꾸준한 장시간의 노력이 필요하다).

13) 기본적인 손, 발의 타격 기술을 숙지하고 격파 요령을 습득한 후에 격파에 임한다.

14) 이마 부위의 단련은 신체 상해의 원인이므로 절대 금지해야 한다.

15) 무리한 동작은 운동 상해의 요인이므로 훈련의 단계를 거쳐 시행한다. (차는 능력도 중요하지만 차고 난 다음의 손·발이 안전한 위치로 돌아오는 몸놀림이 중요하다. 그렇게 하기 위해서는 손·발을 제어할 수 있는 능력이 있어야 상해를 줄일 수 있다. 점차 난도를 높이는 훈련의 과정을 거쳐야 한다.) 무리한 격파 동작은 신체에 심한 손상을 줄 수 있어 자신의 능력에 맞는 격파 동작을 연습한다. 또한 무리한 위력 격파 동작도 근육파열 및 관절·뼈 손상에 무리를 줄 수 있으므로 단계별 수련방법이 필요하다.

16) 호흡과 격파는 하나의 과정이므로 적절한 호흡 조절과 함께 집중하여 격파한다.

17) 몸은 항상 부드럽게, 몸의 균형을 유지하며 목표물에 체중을 실어 빠르게 타격한다.

08 격파 수련에 대한 마음가짐

 격파에 대한 마음의 준비와 자세는 태권도의 전반적인 겨루기, 품새에서도 마찬가지이며, 일상생활에서의 삶의 태도도 바르게 변화시켜줄 수 있다. 격파자는 격파의 진정한 의미를 알고 마음의 다짐을 통하여 격파에 임한다.

1) 목표의 계획성을 만든다.

단기적 목표와 장기적 목표를 통한 수련 목표가 필요하다. 현재 자기의 기능을 인지하고 이에 맞는 목표를 설정하여 단계적인 기술 습득이 필요하다.

목표의 난도가 너무 낮거나 높으면 계획의 실천과 효과가 낮을 수밖에 없으므로 실천 가능하며 성취감을 느낄 수 있는 수련의 목표가 필요하다.

2) 연습의 과정을 기록하고 영상을 통한 분석이 필요하다.

연습과정이 잘 이루어지는지 기록이 필요하다. 또한, 자기 격파 기술의 영상(replay)을 통하여 동작 기술 파악, 반성, 수정이 이루어져야 한다. 동작 표현, 힘의 전달, 움직임 등을 보면서 기술의 습득과 기술 변화의 능력을 기를 수 있겠다.

3) 잘하는 사람의 기술을 관찰한다.

다른 사람의 기술을 면밀하고 세세히 관찰하는 훈련이 필요하다. 우수한 기술과 동작은 좋은 모델링이 될 수 있으며 내가 왜 기술에 실패했는지에 대한 원인을 발견하면서 성찰의 기준이 되는 자료를 얻을 수 있다. 관찰은 기능 숙달에 밀접한 관계가 있으므로 다른 사람의 기술을 배울 수 있는 마음가짐과 준비가 되어있어야 한다.

4) 끈기를 가지고 수련에 임한다.

오랜 기간을 수련에 임하기는 무엇보다 어렵다고 볼 수 있다. 기술의 습득을 위해서는 반복적인 연습을 통하여 지루한 수련의 시간을 극복할 수 있으며 이런 과정을 통하여 기술적 습득은 물론 정신적 성숙의 단계로 거듭날 것이다.

5) 할 수 있다는 자신감을 가진다.

할 수 있다는 자신감 어느 정도의 체력과 기술을 습득한 후를 말하는 것이다. 자신의 움직임을 제어할 수 없는 근력과 기술이 준비되어있지 않으면 큰 상해로 이어지기 때문이다. 이러한 제한적인 사항이 준비되어있을 시에는 할 수 있다는 자신감을 가지고 격파에 임하는 자세가 필요하다. 이는 연습과 실전격파에서도 동일하다.

09 격파 보조자의 자세

연습의 효과를 최대한 높이기 위해서는 보조자의 역할이 무엇보다 중요하다. 또한, 기술의 난도가 높아지면서 보조의 역할이 더욱 중요하며 보조자와의 호흡이 잘 맞을 때 완벽한 기술을 연출할 수 있다.

때론 보조자의 역량[4]을 통해 체공의 높이, 회전의 변화가 확연히 달라질 수 있다. 이러한 기술은 격파자만의 능력이라고 볼 수 없으며 보조자와 격파자의 합이 이루어져 만드는 기술이다.

송판을 잡는 보조자는 격파 시 파편에 대한 부상에 항시 노출되어있다. 격파자와의 반복적인 연습을 통하여 부상의 위험을 인지하고 예방하는 효과를 가질 수 있다.

1) 격파자를 띄워주는 격파 보조자 역할은 격파자의 신장, 체중을 받쳐줄 수 있는 근력이 있어야 격파자가 기술을 최대한 발휘하는 데 도움을 줄 수 있다.

2) 격파자가 안전한 딛기를 하도록 개별 맞춤의 위치 선정이 필요하다(키, 성별, 운동 능력에 따라 뛰어올라 딛는 위치가 다르다. 따라서 개인의 특성을 제대로 파악하는 것이 중요하다).

3) 상대의 기술 동작의 위치, 동선을 파악하고 정확한 위치에 격파물이 있도록하여 격파 시 완전한 힘이 실릴 수 있도록 보조해준다.

4) 격파물이 얼굴에 튀지 않게 최대한 얼굴을 팔에 밀착해서 송판이 날아올 수 있는 방향을 피한다.

---

4) 보조자가 가지고 있는 힘, 즉 보조자가 격파자와 호흡을 맞춘 후 보조자를 최대한 공중으로 띄워주는 역할을 하는 것으로 보조자의 힘이 좋을수록 회전 또는 체공으로 높이 띄워 격파자의 기술을 최대한 발휘할 수 있는 보조 역할을 한다.

5) 격파자와 보조자의 많은 연습과정을 통하여 보조자에 대한 신뢰를 통해 안정감을 가질 수 있도록 한다.

6) 격파자가 원하는 위치에 격파물을 잡아주고 격파자를 보지 말고 송판을 주시한다. 자칫 격파자를 보면 격파자의 행동에 자신도 모르게 자기방어, 보호본능의 움직임(순간적으로 격파물을 뒤로 빼는 행동)이 일어날 수 있으므로 완파가 어려울 수 있다.

7) 보조자가 집중하고 일사불란하게 격파의 위치에 대형을 갖추는 것 또한 격파 부분에 직·간접적으로 관계가 있다. 격파자의 격파도 중요하지만, 보조자의 자세 또한 격파의 한 요소로 관중들에게 더욱 기대감을 줄 수 있는 요소이다.

8) 격파할 때 보조자가 순간적으로 격파물에 힘을 주어 밀리지 않게 하는 방법이 있다. 이러한 기술은 많은 연습을 통해 습득할 수 있는 파지법이다. 그러나 자칫 격파자의 발이나 손이 닿기도 전에 보조자의 힘으로 격파물을 깨트리는 일이 종종 발생한다. 격파자의 격파 기합 신호를 듣고 격파물에 5~10초간 힘을 주어 격파물이 밀리지 않고 타격이 이루어지도록 한다.

10 격파의 심동적 영역

격파의 심동적 영역은 신체적 기능과 기술 능력의 발달을 말한다. 격파 기술에는 연습을 통하여 실제 격파가 시연되는 학습이 포함된다. 격파의 기술 체계는 단순 격파와 복합기술 격파로 나눌 수 있다. 다양한 움직임을 통한 신체협응 능력과 공간지각 능력의 기능을 발달시켜 신체적 능력의 발전을 도모한다.

1) 기능 발달

태권도 격파의 기본적인 동작 패턴으로 반사 능력과 격파 능력의 향상을 도모한다.

① 신체의 지각과 공간의 개념을 배우게 되고 다양한 움직임에 대하여 점차적인 협응력이 좋아지는 활동으로 기능이 발달한다. 단순한 움직임 조절 능력과 수준으로 단계별 기능이 향상된다. 예: 뛰어 옆차기 > 가위차기 > 가위차기 3단계 > 가위차기 4단계 등으로 점차적인 협응 능력이 향상되어 격파와 착지가 된다.

② 무게 중심을 이동하는 것은 격파와 밀접한 관계가 있다. 도움닫기의 도약으로 점프하여 체공에 이르기까지 특정한 자세의 연결 동작이 필요하다.

③ 회전 능력의 발전을 가져온다. 수평축(가로) 회전의 공중돌기 동작, 수직축(세로) 회전의 돌기 동작은 몸을 작게 접은 상태에서는 빠르게 회전할 수 있다. 반면 몸을 크게 펼치게 되면 회전의 속도가 느려지며 회전율도 감소하게 된다. (빠르게 회전력을 높이는 방법으로는 손을 몸 쪽으로 접어 몸을 작게 만들어 저항력을 줄이고 회전력을 높일 수 있다.)

2) 지각 능력

감각자극 능력을 활용한 격파 기술을 말한다.

① 눈을 가리고 최대의 감각 능력을 활용하여 격파하는 기술을 말한다. 반복적 연습을 통해 위치 거리를 측정하고 몸으로 기억하여 실제 눈을 가리고 감각만으로 격파하는 고난도 기술을 시연할 수 있는 능력이 발달한다.

② 사과를 던져 수평축(가로) 격파로, 사과를 던져 내려오는 속도를 계산하고 공중회전 뒤로 돌아 앞차기 격파하는 기술을 말한다. 단지 회전만 하는 것이 아니라 회전의 속도 기술과 사과를 던져 내려오는 적절한 타이밍을 맞추어 격파하는 고난도 기술을 시연할 수 있는 능력이 발달한다.

3) 반사 능력

격파의 시작과 끝의 올바른 격파 자세를 취할 수 있으며 위험한 상황을 인지하고 그에 대한 위험을 피할 수 있다.

① 격파 후 안전한 착지가 이루어지지 못하고 넘어질 경우에는 낙법을 통하여 부상을 예방할 수 있다.

② 서로 짜인 호신술의 합으로 맞추어진 동작이 아니라 상대의 순간적 실수 동작이 공격으로 들어올 때 반사적으로 피하거나 막는 동작을 할 수 있다. 또는 신체 쪽으로 날아오는 격파물을 반사적으로 피하는 능력이 생긴다.

4) 신체적 발달

태권도 격파 수련을 통하여 신체적 발달을 도모할 수 있다.

① 장기간 태권도 격파를 하게 되면 심장이 발달하고 근육이 튼튼해지며, 유연성이 길러진다.

② 격파에서 뛰어 차는 기술은 성장판에 자극이 되는 운동이어서 어린이 청소년 성장발육에 도움을 주는 효과가 있다.

③ 태권도 격파는 하루아침에 이루어지는 것이 아니라 꾸준한 수련을 통하여 신체적인 근육 강화와 밸런스·유연성 등을 갖게 되며 몸의 움직임을 조절할 수 있는 능력을 기를 수 있다.

5) 격파에서 요구되는 체력적 요인

격파를 통하여 여러 요소의 체력적 효과를 가져온다.

① 격파에 요구되는 힘(파워), 속도, 순발력, 민첩성, 체공 상태, 착지, 공중에서의 차기와 지르기, 치기 등의 협응력 등을 필요로 하며 격파에 대한 정확한 판단, 자신감 등이 필요하고 이는 체력적 요인이 무엇보다 중요하다.

② 기초적 걷기, 뛰기, 점프하기를 시작으로 점프하여 착지하기 유연성, 순발력 등 순간적으로 동작을 구사하며 격파를 해야 하므로 정확한 목표에 타격하여 완파하는 것은 무엇보다 어렵고 위험이 도사리고 있다. 몸을 컨트롤할 수 있는 능력을 길러야 한다.

11 격파의 인지적 능력

 격파의 기술 동작을 이해하고 기술 동작의 기술 체계를 분석하여 태권도 기술의 의미를 해석하고 지도할 수 있는 능력을 말한다.

1) 격파 시 주의해야 할 점에 대한 행동 지침을 말할 수 있다.
2) 움직임에 대한 개념을 이용하여 격파 방법을 설명할 수 있다. 예: 한번 뛰어 체공에서의 기술 동작을 이해하고 말할 수 있다. 체공 다단계 격파, 수평축 회전 격파·수직축 회전 격파에서의 회전 각도의 증가와 체공에서 여러 목표물 타격에 관한 기술 연결의 의미를 해석할 수 있다.
3) 격파 시 위험요인을 분석할 수 있다.
4) 격파 시 움직임의 동작에 대한 잘못된 점은 분석·수정할 수 있다.
5) 자세의 안정과 몸의 중심을 이해한다. 신체의 중심이 높으면 높을수록 불안정하고 낮으면 낮을수록 안전하여 정확한 격파의 자세를 보일 수 있다.

예 **격파의 인지 능력 평가하기**

격파의 중심이동은 무엇인가?
격파에서의 균형은 무엇인가?
격파에서의 무게 중심의 이동은 어떻게 하여야 하는가?
체공에서의 움직임은 무엇을 말하는가?
수평축·수직축 회전 동작의 움직임과 자세를 말할 수 있는가?
격파 후 착지 동작의 안정적인 자세는 어떠한 것인가?

격파에 대한 이해도 확인하기

뛰어 앞차기 격파 시 가장 중요한 것이 무엇인지 말하시오.
1) 수직축 격파…? 2) 수평축 격파…? 3) 체공 격파…?

위 1) 수직축 격파가 무엇이며 어떻게 이루어지는지에 대한 답변을 할 수
    있도록 한다.
위 2) 수평축 격파가 무엇이며 어떻게 이루어지는지에 대한 답변을 할 수
    있도록 한다.
위 3) 체공 격파가 무엇이며 어떻게 이루어지는지에 대한 답변을 할 수
    있도록 한다.

12 격파 지도자의 역할

 지도자는 수련자의 기술지도는 물론 격파에 따른 부상위험을 줄이며 안전한 지도를 해야 한다. 이러한 측면에서 지도자의 역할은 상당히 중요하며 그 역할은 다음과 같다.

1) 격파자는 자신의 실력에 비해 높은 기술에만 전념하는 경우가 생길 수 있다. 지도자는 격파자(수련생)들의 수준을 파악하고 능력에 따라 개별적인 연습이 진행되도록 주의한다.

2) 할 수 있다는 격려와 수준에 맞는 최선의 노력을 하도록 한다.

3) 동작을 어떻게 연결하며 어떻게 이동해야 하는지에 대한 연습방법을 숙지하도록 한다.

4) 사람은 누구나 완벽해지고 싶은 마음이 있다. 그렇게 하기 위해서는 충분한 시간을 가지고 노력해야 한다. 순간적인 기술 습득이 아니라 충분한 연습을 통한 기술 습득에 의미를 두어 지도하여야 한다.

5) 격파를 통한 완파[5]에 대한 성취감을 느끼도록 해준다. 작은 기술부터 완파를 통해 기술의 성취감을 느낌과 동시에 동기유발의 경험도 갖도록 하며 점층적 단계별로 기술력을 올려주도록 지도한다.

---

5) 손과 발을 이용하여 타격한 송판이 양쪽으로 갈라져 깨어지는 현상을 말한다. 격파에서는 완파가 격파의 완성이라고 말할 수 있다.

6) 자신을 평가할 수 있는 체크리스트를 활용하도록 한다. 예: 비디오 촬영을 통하여 동작에 대한 보완점을 체크한다. 정확한 동작이 이루어졌는지? 균형(밸런스)이 맞는지? 중심이동이 자연스럽게 연결되었는지? 파워있는 격파가 이루어졌는지? 피드백함으로써 자신의 기술, 동작을 교정할 수 있도록 지도한다.

13 격파 지도자의 분위기 조성

 격파 지도자의 분위기 조성은 지도자의 마음가짐, 눈빛이 행동, 자세에 녹아있
어야 한다. 지도자의 움직임은 수련자의 행동 변화에 민감하며 큰 의미가 있다.

1) 격파 훈련 시 집중할 수 있는 도장(현지 장소) 분위기를 조성한다. 지도
자의 마음가짐, 눈빛, 말, 행동이 수련자의 행동에 밀접한 영향을 준다.

2) 격파 장소에 들어서면 시연자의 마음을 추스르고 긴장하게 하며 격파 기
술에 도전하고자 하는 의욕이 강하게 나오도록 분위기를 조성하는 것이 중
요하다.

3) 지도자는 실제의 격파 시연과 같은 분위기를 조성하므로 시범에서 나오
는 긴장감, 부담감을 연습의 경험을 통하여 해결할 수 있다. 연습을 실전
같이 실전을 연습같이라는 말과 같이 실제와 같은 연습을 통한 훈련 분
위기 조성은 무엇보다 중요하다.

4) 시연자와 지도자의 끊임없는 교류를 통하여 기술의 향상을 가져올 수 있
다. 이는 지도자와 시연자의 인간적인 믿음으로 연결되어 더욱 자신 있
고 숙련된 기술 표현을 할 수 있다.

5) 지도자는 안전용 기구(보조매트, 보조기 기구 등)가 준비되었는지 점검
하고 훈련에 들어갈 수 있도록 한다.

14 격파에서 호흡과 기합

격파에서의 기합은 성공적인 격파가 되기 위한 방법이다. 호흡의 일부분이지만 연습의 과정을 통하여 기를 한곳에 모아 파괴력을 증가시킬 수 있다.

호흡은 횡격막과 늑골의 움직임에 따라 공기가 유입되는 흡기와 폐가 줄며 공기가 유출되는 호기로 숨을 쉰다. 호흡은 외호흡 내호흡으로 나뉜다. 외호흡 세포와 혈관 사이에서 산소와 이산화탄소를 교환하는 것을 말하며 내호흡은 폐에서 받아들인 산소를 통해 영양분을 얻는 것을 말한다. 실질적으로 명상의 호흡법을 통한 명상수련을 했을 때 격파의 성공확률은 높아지기 마련이다. 명상은 마음을 다듬고 바른 자세에서 고른 호흡으로 정신을 집중하는 모습을 말한다. 호흡은 위력 격파와 기술 격파의 능력을 향상하는 역할을 한다.

기합은 최의 힘을 발휘할 수 있는 일종의 호흡 방식이라고 말할 수 있다. 호흡을 다듬고 격파에 임하는 자세를 가져야 한다. 기합의 사전적 의미는 어떤 특별한 힘을 내기 위한 정신과 힘의 집중이다. 기합은 순간적인 근력을 높여줄 뿐만 아니라 호흡 조절로 인한 단전의 효과가 있다.

특히 에너지를 한번에 방출하여 큰 힘을 내기 위한 방법으로 손 또는 발 위력 격파에서 많이 볼 수 있다.

다음은 탈 공연에서의 대리석 주먹 격파 시연이다. 처음 기합은 집중과 할 수 있다는 의지의 기합이며, 두 번째의 기합은 격파와 함께 주먹이 대리석을 완파해나가는 동작을 의미한다.

* 2012 유럽투어 탈 공연. 호흡을 가다듬고 대리석 위력 격파 모습: 격파 곽택용

15 격파의 경기화

태권도는 경기 겨루기의 세계화를 통해 올림픽 종목이 될 때까지 많은 노력이 있었다. 그에 비해 태권도 격파는 오랜 기간 겨루기와 비교하면 소홀할 수밖에 없었다. 1992년 국기원과 대한태권도협회는 태권도 한마당이라는 태권도 시범 경연대회를 유치하였다. 태권도 한마당은 무도적인 측면에서의 태권도 시범을 경기적 요소로 변환시키면서 시범 경기를 종목화하여 활성화한 최초의 시범 대회이다. 또한 태권도의 기술 격파 · 위력 격파 부분이 정식 경연 종목으로 채택되어 격파에 관한 관심을 다시 불러일으킨 계기가 되었다.

한마당 대회 이후 남 · 북한의 시범 교류가 활발하게 이어졌다. 북한의 국제태권도연맹 ITF와 남한의 세계태권도연맹 WT는 한민족 분단과 더불어 태권도 또한 2개의 단체로 분리되어 각 연맹체의 경기규칙에 따라 다른 태권도를 발전시켜나갔다. 태권도는 하나지만 2개의 연맹 단체가 만날 수 있는 계기가 마련되면서 2002년에는 태권도가 하나로 화합하는 역사적인 교류가 시작되었다.

한국 국가대표 태권도 시범단은 북한으로 파견 나가 태권도의 여러 기술을 선보였고 북한 태권도 시범단 또한 한국으로 파견 와서 북한 태권도의 기술을 선보였다. 냉전되어있던 남과 북이 태권도를 통해 한반도 통일에 한 걸음 앞서 나가는 계기가 되었으며 남 · 북한 태권도를 비교할 수 있는 기술의 장이 되는 남북한 태권도 시범의 교류가 이루어졌다.

북한은 태권도의 위력 격파에 중점을 두어 시범 프로그램을 만들었으며 이를 통해 격파의 강인함을 알렸다. 남한 태권도는 태권도 기술의 한계를 뛰어넘는 체공에서 여러 표적을 격파하는 다단 기술과 회전 기술의 격파를 선보여 태권도 기술의 위상을 떨쳤다.

2003년 국기원 한마당 대회에서는 단체팀 대항 태권도 대회를 추가로 신설하였다. 태권도의 기본 동작, 품새, 위력 격파, 기술 격파, 호신술 동작을 규정종목으로 규칙을 만들고 제안된 시간에 자유롭게 연출하는 새로운 창작 퍼포먼스를 할 수 있는 계기의 대회가 되었다. 이 대회는 여러 연출 동작을 통해 태권도를 더욱 쉽게 이해할 수 있는 동작과 보는 관중에게 흥미와 재미를 함께 유발하게 하는 경연 대회로 성장하였으며 지금의 태권도 시범이 태권도 공연예술로 탈바꿈할 수 있는 발판이 되었다.

2009년에는 대한태권도협회에서 "격파왕" 대회를 만들어 격파에 대한 중요성을 강조하였고 격파의 기술 향상과 저변 확대에 이바지하였다.

2009년 정관장배 태권도 격파왕 대회를 대한태권도협회가 추진하여 한마당 대회만 있었던 시범(격파) 대회를 추진하여 성공적인 대회를 마쳤으며 격파 대회가 활성화되는 데 견인적 역할을 하게 되었다. 경기 겨루기에 치중되었던 태권도가 대중들의 인식에 벗어나 태권도의 여러 기술 형태의 격파를 일반인이 볼 수 있는 계기가 되었다. SBS 방송 2009년 11월 6일에 정관장배 태권도 격파왕 대회를 방영해 태권도의 위력 격파와 기술 격파를 안방에서 볼 기회가 제공되었으며 태권도 격파의 위상을 한층 높일 수 있는 대회로 성장하였다.

기술 격파에 치중되었던 태권도 시범은 한마당 대회와 격파왕 대회를 통하여 위력 격파의 중요성을 인식하고 경기형태를 분류하여 태권도 격파가 균형적인 발전을 가져오도록 시스템화하여 경기를 진행하였다. 이로써 답보해있던 격파가 경기화의 구축을 통해 태권도 격파의 기술 발전으로 거듭날 수 있었다.

위력 격파는 전반적으로 태권도 기술의 발전이 답보상태에 있었던 초창기 시범에서, 강력한 힘과 파괴력을 실증하기 위한 수단, 즉 태권도의 효용성, 실용성을 강조하기 위하여 수행되었으나, 태권도 기술이 발전되고 체계화되면서 현대화된 기술 격파의 발전과는 역으로 위력적인 격파 수련생은 쇠퇴하였다. 그러다 경기화의 격파 대회가 생겨나면서 태권도의 무도적 가치에 대한 위력적인 면이 재평가되기 시작되며, 위력 격파의 수련생과 마니아(Mania)들도 점차

늘었다.

태권도 격파는 소수의 학생과 사범들의 대회에서 학생 선수층이 확산하는 큰 이변이 일어나는 격파 대회가 생겼다. 대한태권도협회의 승인 대회가 아닌 대학 격파 대회의 비승인 대회임에도 불구하고 격파 대회에 목마름이었던 찰나 대학 격파 대회가 생겨난 것이었다.

기존의 격파왕 대회가 연간 행사로 진행되어오다가 예산의 이유로 갑자기 연간 행사가 중단되어 중간에 없어지고 일 년에 한 번 있는 공식적인 대회는 세계 한마당 대회 하나밖에 없었던 것이었다.

2013년 대학 격파 대회를 만드는 방안으로 국가대표시범단장 이춘우, 한국체육대학교수 장권, 용인대학교수 곽택용이 모여 여러 대안과 모색 끝에 자체적 대학 대회를 만들기로 확정하였다. 또한, 기존 한마당 격파 대회에서 대학들이 승패에 인정하지 않고 심판들을 신뢰하지 못하여 여러 불미스러운 일들이 일어났었다. 그에 대한 방안으로 전공 시범단(격파) 출신만으로 격파 심판[6]을 구성하기로 하여 첫 대학 격파 대회가 시작되었다.

최초의 대학 시범(격파) 대회인 2014년 한국체육대학교 총장기 전국 태권도 대회에서는 격파 대회를 추가로 신설하였다. 청소년들이 대회에 참가해 대학의 꿈을 가지고 대회를 준비하고 참여할 수 있는 대학 격파 대회로 자리매김하게 되었다. 겨루기와 품새에 이어 경기적 형태의 공식적인 대회로 청소년 학생들만이 참여할 수 있는 격파 대회의 의미는 그만큼 중요한 대회라 말할 수 있으며 학생들이 기술 향상에 크나큰 발전을 가져온 계기가 대학 격파 대회의 시작에서 온 것이라 말할 수 있겠다.

---

6) 격파의 심판은 품새심판이 아닌 겨루기와 분류하듯이 다른 관점에서 세부 영역으로 분리하여 특성화된 격파심판을 양성하여야 한다. 격파의 경기화가 되면서 일정한 격파 경기규칙이 있어야 하며 그 경기규칙을 세우기 위한 본질적인 내용을 인식하여야 한다. 현재(2019) 대한태권도협회 격파왕 규정을 용인대학교, 한국체육대학교, 경민대학교, 한국여성태권도연맹이 같은 경기규칙을 사용하고 있다.

그 이후 용인대학교(2016), 경희대학교(2015) 태권도 대회에서도 격파 종목을 신설 추가하였다.

대학에서 시범(격파) 대회를 신설하는 것에서 그치지 않고 대학 간의 교류를 통해 격파 대회를 늘려나가도록 추진하였다. 또한, 대한체육회 산하 단체인 대한태권도협회에서 비공식 대회로 인정되는 대회지만 각 대학이 격파 대회를 공식적으로 인정함으로써 대회는 명실상부 공인대회의 대표성을 띠게 되었다.

비공식적이지만 대학들의 협의를 통해 각 대학 대회를 인정해 주어 대학 진학에 수시로 들어갈 수 있는 길을 열어주었다.

대학 수시에 들어갈 수 있는 전형은 중·고 청소년들에게 대학의 꿈을 갖고 운동을 할 수 있는 계기가 되었으며 태권도 기술 향상에도 큰 변화가 생겼다. 기존 대학생들이 기술을 구사하는 기술을 따라 흉내 낼 뿐만 아니라 대학생들과 견주어 손색이 없을 정도로 기술력이 월등히 높아졌다. 그 큰 이유는 대학 격파 대회에 수상자들이 입시에 영향을 주기 때문이었다. 기존 겨루기, 품새 선수들을 양성했지만 대학 격파 대회를 통해 중·고 학생들의 전문 격파 선수를 양성하는 도장과 시협회 시범단들이 생겨나기 시작하였다.

2019년 들어와서는 경민대학교, 한국여성태권도연맹이 같은 경기규칙을 사용하고 격파 대회를 성공리에 마쳤다. 대학 수시에 격파 대회 성적을 반영하다 보니 학생들의 기술력은 전반적인 실력 향상을 가져올 수 있었다. 시범의 관심은 중·고 청소년들에게는 큰 이슈로 시범의 저변 확대를 가져왔다.

대한태권도협회는 2022년 격파경기규칙을 대한체육회로부터 승인 받아 2021년 12월 6일~8일 3일간 심판자격연수를 통하여 심판 자격증을 부여 하였다.

그동안 비공식 격파 대회에서 2022년 대한태권도협회 공식 격파대회로 승격되는 것이며 격파대회의 파급 효과는 더욱더 커질 전망이다. 공인대회를 통한 전문 선수층은 그만큼 두터워질 것이다.

📄 대학 및 연맹 태권도 시범(격파) 대회

대회시작	대학	수시모집년도	모집인원	경기규칙
2014	한국체육대학교	2015	5	대한태권도협회/한국체대/용인대/경민대/여성연맹 공동
2015	경희대학교	2016	7	경희대학 자체격파규칙
2016	용인대학교	2017 시범전형	태권도시범전형 10	대한태권도협회/한국체대/용인대/경민대/여성연맹 공동
		2018 대회우수성적	10	대한태권도협회/한국체대/용인대/경민대/여성연맹 공동
2019	경민대학교	2020	26	대한태권도협회/한국체대/용인대/경민대/여성연맹 공동
2019	여성태권도연맹			대한태권도협회/한국체대/용인대/경민대/여성연맹 공동

1) 격파 경기화의 문제점

대학 격파 대회에서 공식적인 대학 수시의 혜택이 주어지면서 기술은 날로 향상되었지만, 그에 따른 문제점들이 도출되고 있다. 더 높이, 더 많이 슬로건을 가진 지도자들이 경기 우승에 치우친 나머지 선수들의 안전을 뒤로 한 채 기술력에 매달리고 있어 부상에 큰 우려를 보인다.

선수들이 최고의 기량을 선보이지 못하면 등위 안에 들 수 없는 현실을 볼 때 지도자들의 마음도 가늠해 볼 수 있다. 그러나 여러 기술의 완벽한 기술을 구사한 선수도 시합에 나가면 실수를 할 수가 있다. 연습 시 완벽한 기술을 체득하지 못한 선수를 시합에서 그 기술을 구사하게 시키는 지도자 또는 선수들에 있어서 그 위험성은 항상 노출되어있다. "시도해 성공하면 메달 따는 것이고 실패하면 등위에 못 드는 것이지요!" 하는 경기를 통한 승리 지향주의를 지도자들은 각성하고 명심해야 할 것이다. 자칫 실수는 크나 큰 부상의 위험이 있어서 특히 주의가 필요하다.

승리 지향주의에서 오는 격파 대회 또한 여러 문제점이 생겨났다. 필자는 용인대학 총장기 대회에서 격파를 담당하는 교수로 대회 운영을 했는데 몇 가지 일들을 간략히 소개하겠다.

송판에 손톱 또는 칼 등을 이용하여 완파에 대한 점수를 가능하도록 하는 부정행위와 발이 송판에 닿지도 않았는데 힘으로 송판을 보조자가 깨는 행위들을 눈으로 보았다. 선수, 지도자들이 부정행위에 대한 인식이 부족으로 생긴 행동으로 여러 관점에서 제도와 체벌 규정이 시급해보인다. 태권도 격파의 발전과 더불어 따르는 이질적인 형태 행동을 어떻게 하면 바꿀 수 있을까 하는 태권도 격파 경기의 문제점에 대하여 여러 측면에서의 사고가 필요할 때이다.

이는 모두 다 승리에 눈이 먼 부정행위로 절대 근절해야 하는 행동이다. 지도자들은 기술 이전에 태권도 인성 교육을 한 번 더 고민하고 지도해야 할 것이다.

16 격파 수련의 과학

격파 속에는 과학적인 원리가 담겨있다. 완벽한 격파에는 과학적인 인체 역학적 원리가 포함되어 완성된 것이다. 과학적 원리를 이해하여 더 빠르고, 더 높고, 더 많이 차고, 지르고, 찌르는 격파 수련이 필요하다.

1) 선운동과 각운동

선운동은 물체가 일직선으로 진행하면서 그 물체의 모든 부분이 같은 거리, 같은 방향, 같은 속도로 움직이는 것을 말한다. 병진운동이라고도 하며, 크게 직선과 곡선 병진운동으로 나눌 수 있다. 팔, 다리, 동체의 회전운동을 무시할 경우, 직선으로 달리는 사람의 전신운동은 출발부터 골인까지 직선을 이루는 직선운동으로 볼 수 있다. 마찬가지로 앞으로 나가면서 지르기를 하거나, 연속 발차기를 하면서 앞으로 나갈 때 팔과 다리는 회전운동을 하지만 몸 전체는 병진운동을 하는 것으로 볼 수 있다. 각운동은 회전운동이라고도 하며, 회전축을 중심으로 물체의 모든 부분이 동일한 각도로 돌아가는 것을 말한다. 주먹을 지르거나 발로 찰때 팔꿈치나 무릎이 접혔다 펴지는 것이 그 예이다. 앞차기의 동작은 엉덩이 관절은 굽혀지고, 무릎, 발목은 펴지는 각운동을 하고 있다. 인체의 동작은 관절을 축으로 분절(뼈)이 돌아가는 지레계(system of levers)에 의해 일어나므로 각운동은 인체의 운동 기본이 된다. 인체는 직선운동과 각운동을 동시에 일으킬 수 있으며, 모든 운동에서 최선의 결과는 직선과 회전운동을 잘 결합하는 것에서 나온다.[7]

태권도의 기술 격파와 위력 격파도 마찬가지 직선운동과 회전운동을 동시에

---

[7] 국기원(2012). WTA 표준수련지침서.

연결하여 위력적인 힘을 낼 수 있는 수련연습이 필요하다. 기술 격파도 마찬가지 정확한 동작의 연결은 빠른 속도 회전을 원활히 할 수 있는 인체의 기본 움직임의 원리에 속한다.

2) 관성과 회전관성

관성(inertia)은 물체에 항상 존재하는 특성이며, 물체가 원래의 운동 상태를 계속 유지하려는 성질을 말한다. 관성에 의해, 정지 상태의 물체는 정지해있으려 하므로 이 물체를 움직이려면 관성을 이기는 힘을 가해야 한다. 예를 들면, 체중이 많이 나가는 사람은 관성이 크므로 움직이려면 가벼운 사람에 비해 더 큰 힘이 필요하게 된다. 회전관성(moment inertia)은 회전하는 각운동에서의 관성이며, 회전에 대한 저항을 나타내는 것이다. 즉 회전관성이 크면 물체를 회전시키기가 더 어려워지게 된다. 각운동에 있어서 회전에 대한 저항은 질량과 축을 중심으로 한 질량의 분포, 즉 회전관성과 관계가 있다.

물체의 질량 분포가 회전축에 가까이 있을수록 회전관성이 작아지며, 더 회전시키기가 쉬워진다. 회전축에 대한 질량 분포는 몸의 자세를 변화시키고, 형태를 변화시킴으로써 바꿀 수 있다. 회전관성의 원리는 같은 관절에 대해 횡축보다 중축(장축)을 중심으로 회전할 때 가장 쉽게 회전할 수 있는 이유를 설명해준다. 즉, 손을 엎거나 뒤집는 회내와 회외 동작이 팔을 굽히고 펴는 굴곡과 신전보다 쉬운 것은 아래팔의 질량이 손목과 팔꿈치를 지나는 중축에 가까이 있어 회전할 수 있으며, 좌우축의 중심으로 한 회전은 가장 어렵기 때문이다.[8]

피겨 스케이팅 대회의 김연아 선수의 움직임을 볼 때 관성에 대해 쉽게 이해할 수 있다. 회전할 때 손을 모아 회전하는 모습을 볼 수 있다. 회전의 관성을 줄여 최대한의 회전보다 빠르게 하기 위한 동작으로 수직축(세로) 회전 기술인 900° 뒤 후려차기 기술에서도 과학적 원리 동작의 모습을 볼 수 있다.

---

8) 위의 책.

3) 작용과 반작용

힘의 작용과 반작용은 뉴턴의 3번째 운동법칙인 반작용의 법칙에 따라 설명된다. "모든 힘의 작용에는 크기가 같고 방향이 반대인 힘의 반작용이 있다." 이는 사람이 다른 물체에 힘을 가하는 힘만큼의 힘을 그 물체로부터 역(逆)으로 받게 되는 것을 말한다. 인체가 지면에 가하는 힘에 대한 반작용력인 지면의 반작용력(지면 반력)은 인체를 추진시키는 추진력이 된다. 걷기나 달리기에서 지면 반력은 인체를 추진시키는 추진력이 된다. 이때 지면 반력의 효과는 수평과 수직 성분으로 나누어 생각할 수 있다. 걸을 때 지면을 뒤로 밀면, 이때 수평으로 작용하는 힘의 성분은 인체가 앞으로 나가게 밀어주는 힘이 되며, 위로 향하는 수직 성분은 몸을 위로 밀어준다.[9]

> **예** 사람을 딛고 체공에서의 기술은 우선 보조자가 격파자의 체중을 지지할 수 있고 위로 띄우는 힘이 있어야 한다. 격파자는 위로 띄울 때 힘(작용과 반작용)을 받아 딛고 차오를 때 높은 체공을 취할 수 있으며 그만큼 여유로운 체공에서의 시간을 가지고 격파를 할 수 있다.
> 지면을 밟고 뛰어오를 때 지면의 형태(잔디, 흙, 시멘트, 마루, 매트)에 따라 작용과 반작용의 힘이 다르다. 스파이크 신고 뛰는 선수와 운동화 신고 뛰는 선수의 차이에서도 알 수 있다.

---

9) 위의 책.

4) 스냅

일반적으로 태권도에서의 스냅이란 파워존에서 발생한 힘을 연결 동작 원리 (kinetic link principle)에 따라 체간(몸통)에서 체지(손 또는 발)로 전달할 때 최종분절의 각속도가 최대가 되는 채찍과 같은 동작 형태이다. 하지만 구기운동에서 공을 던지거나 칠 때의 손목의 움직임의 힘을 말한다. 태권도에서는 막기, 지르기, 치기, 차기 등을 할 때 손목, 발목 또는 무릎관절의 굽힘(굴곡), 폄(신전), 젖힘(과신전), 엎침(회내), 뒤침(회외) 운동이 일어나는 것이 스냅에 해당하며 특히 내려차기 동작에서는 발바닥 굽힘과 발등 굽힘이 일어나 스냅을 발생시킨다. 쌍절곤과 같이 분절의 순차적인 가속으로 타격에 이루어지는 돌려차기나 앞차기는 타격 순간 발목관절의 스냅을 통해 발의 속도를 빠르게 할 수 있다.[10]

얼마만큼 몸에 힘을 빼고 움직임을 통한 힘의 전달이 되느냐가 핵심이다. 초보자와 숙련자의 차이를 볼 수 있다. 몸에 힘을 뺀다는 것은 그만큼 관절의 연결이 자연스럽게 이어지고 빠른 스피드를 낼 수 있으며 빠른 속도는 그만큼 큰 힘을 줄 수 있기 때문이다.

한 번의 체공으로 다수의 발차기 타격을 위해서는 차고 접어주는 스냅이 필수적 요소이다. 체공에서 몸의 중심을 유지하기 위해서는 몸 전체를 사용한 몸놀림을 통한 발기술이 연결되어야 한다.

미트차기, 일렬 스피드 격파, 다방향 격파, 가위 5방, 돌려차기 3방, 옆차기 3방 등 연결 기술 차기 또는 체공에서 여러 개의 표적을 격파하기 위해서는 스냅은 필수적 요소라 말할 수 있다. 단순 격파가 아니라 여러 표적을 차기 위해서는 강하게 차는 만큼 빠르게 접어와야 다음의 격파가 이루어지는 것이다. 빠르게 접기 위해서는 강하게 차는 만큼의 제어 능력의 접는 힘이 필요하다. 여기서 말하는 차고 접는 기술을 스냅이라 한다. 이 기술이 자연스러운 연결이 될 때 빠른 속도와 힘을 낼 수 있는 격파가 이루어진다.

---

10) 강성철(2015). 태권도 생체역학.

5) 강체화

　일반적으로 공격을 위한 동작을 수행할 때 체중을 실어서 가격해야 한다는 말을 많이 한다.

　손과 발을 이용한 태권도의 타격 기술은 팔이나 다리 부분의 질량만을 이용해서 타격하는 형태와 질량이 상대적으로 큰 몸통까지 타격에 가담할 수 있도록 하는, 즉 체중을 실어서 타격하는 형태로 나뉠 수 있다. 타격의 크기를 결정하는 운동량은 타격하는 질량에 속도를 곱한 값이기 때문에 속도만 충분히 빠르다면 팔이나 다리의 질량만을 이용해서도 충분한 타격 효과를 낼 수 있다. 그러나 더 큰 충격량을 얻기 위해서나 강한 물체를 격파할 때는 몸 전체의 질량을 이용하는 것이 필요하다. 타격 시 타격에 가담하는 질량을 크게 하기 위해서는 타격 순간에 관절의 자유도를 고정하여 가능한 한 많은 신체 부위가 하나의 분절과 같은 역할을 해야 한다. 지르기 같은 경우, 타격이 이루어지는 순간 손목, 팔꿈치, 어깨관절을 단단히 고정하여 마치 몸통과 팔이 하나의 분절과 같은 역할을 함으로써 상체 전체의 질량을 타격에 이용할 수 있게 된다. 이처럼 실제 타격에 이용되어 영향을 주는 질량을 효과 질량(effective mass)이라고 한다. 효과 질량을 증가시키기 위해 강체화는 타격 시 운동량을 결정하는 질량과 속도 중 질량을 크게 하고, 물체의 반작용에 의한 힘을 억제함으로써 충격량을 크게 하는 역할을 한다.[11]

　스냅과 강체화는 같은 맥락의 글로 볼 수 있다. 마지막 타격 시 자신이 가지고 있는 힘을 얼마나 많이 전달해주는가는 인체의 원리를 알고 사용해야 더 좋은 기술력을 가질 수 있다.

---

11) 위의 책.

6) 리듬

격파에서 리듬은 격파를 아름답고 힘 있는 동작을 할 수 있는 요소로 격파를 잘하느냐 못하느냐가 판가름 날 수 있다. 겨루기에서의 스텝(Step)은 움직임의 리듬과 같이 상대와의 타격 거리를 유지하고 공방의 타이밍을 얻기 위한 스텝의 움직임을 말할 수 있다. 격파에서도 마찬가지로 겨루기의 스텝과 같이 중요하다. 리듬은 자신의 신체 구조와 능력에 따라 다르다. 사람마다 신장, 체중, 근력, 유연성이 다르고 선호하는 움직임의 패턴이 달라 자신의 리듬을 찾고 그 리듬을 가지고 격파에 임하는 자세가 필요하다.

① 기합에서도 리듬이 필요하다. 기합은 사람의 생김새 체형에 따라 다르게 넣을 수 있다. 또한 격파물의 형태에 따라 길게 또는 짧게 넣을 수 있다. 기합은 격파하기 전 격파를 하거나 끝날 때 리듬을 주어 격파의 효율성을 높여준다.

② 도움닫기는 체공력을 높여주는 방안으로 높게 또는 멀리 뛰기 위한 예비 동작을 말한다. 이러한 예비 동작은 발 보폭의 리듬을 이용하여 격파를 안정적으로 할 수 있는 체공의 형태를 만들어준다. 격파의 형태에 따라 도움닫기의 운동 형태는 달라질 수 있다. 높이 뛰는 방법은 몸을 최대한 위로 치솟아 높이 있는 격파물을 격파하는 동작이므로 빠르게 뛰지 않고 가벼운 보폭의 리듬을 이용하여 한순간 위로 치솟는 형태의 동작을 구사하여야 한다. 그렇지만 멀리 뛰어 차기는 빠른 도움닫기를 통해 몸의 추진력을 최대한 살려 멀리 날아가도록 뛰는 리듬감이 필요로 한다.

③ 발차기의 리듬감이 필요로 한다. 체공에 있는 여러 타격을 같은 속도 같은 힘으로 타격하는 것이 아니라 격파의 위치 방향에 따라 리듬의 패턴이 다르게 주어 격파가 이루어지도록 하는 것이다.

돌려차기 3방의 예를 들어보면 차는 리듬감을 다음과 같이 세 가지 방식으로 표현할 수 있다.

예	첫 번째 딴, 딴, 딴(각각의 같은 속도로 격파하는 방법) 두 번째 딴, 따단(처음 발을 차고 두 번째 세 번째 발을 이어서 차는 방식) 세 번째 따단, 딴(첫 번째, 두 번째 이어서 차고 세 번째는 한 박자 쉬어 연결 차기)의 리듬을 주어 격파하는 방법이 있으며 개인의 특성에 따라 여러 형태의 리듬으로 격파를 할 수 있다.

CHAPTER

02

태권도 격파에서의 몸놀림

1. 격파 보조 훈련방법

01 격파 보조 훈련방법

태권도 기술 능력을 기르기 위해서는 기초 체조 훈련을 이해해야 한다.[12] 격파 시범을 하기 전 시연자는 자신의 신체에 대해 알고 신체 부위를 의지대로 안전하게 움직이기 위해서 기초 체조 훈련에 대해 내용을 숙지하고 체득해야 한다. 격파 시범은 체공 상태에서 손과 발의 협응 능력을 최대한 발휘하고 착지하는 동작이다. 그러나 지나치게 격파에 중점을 두어 무게 중심을 잡지 못하면 착지 시 넘어지는 경우가 많이 생기며 동시에 부상과 관련된 여러 위험요소가 많다. 기초 체조 훈련은 위와 같은 몸의 균형을 잃은 갑작스러운 상황에서 안전하게 대처할 수 있게 해주며 몸의 움직임을 자연스럽게 배울 수 있는 동작으로 구성되어있다. 따라서 태권도 격파에 있어서 기초 체조 훈련의 충분한 습득이 필요하다. 시범과 연관된 구르기의 기초 능력을 기른 후 낙법과 공중회전 등의 단계별 기술 수련이 필요하며 이런 동작을 단계적으로 자유롭게 구사할 수 있을 때 완성된 격파 기술을 선보일 수 있다. 즉, 기초 체조 훈련을 통해 기초적인 몸의 움직임을 이해하고 그 쓰임새를 체득하는 것이 무엇보다 중요하다.

---

12) 이대형, 이용인, 권오석(2003). 초·중·고 고등학교 교사를 위한 체조지도서. 한국체육과학연구원(1990). 경기훈련지도서 체조.
위 책 내용 중 격파에 필요한 체조 기본 동작을 골라 수정 정리하였다. 기초적인 체조의 연습을 하고 난 후 태권도의 기술 동작이 이루어져야 빠른 단계별 기술 동작을 소화할 수 있다. 몸의 움직임을 원활하게 움직일 수 있어야 태권도와의 체공 상태에서의 기술을 부상 없이 아름다운 기술로 승화시킬 수 있으며 회전 동작을 통해 격파가 이루어져야 태권도의 기술로 볼 수 있겠다.

1) 앞 구르기

앞 구르기 시 손을 짚는 방향은 발에서 약 50~60cm 정도 앞에 양손을 어깨 너비 정도로 짚는다. 시선은 무릎에 두고 턱을 당기고 목과 팔에 힘을 주고 뒷 머리를 먼저 대고 구르기를 한다. 목과 무릎은 거리가 가까이하고 다리를 모으 며 구르며 일어선다.

point!

고개를 가슴 쪽으로 최대한 접어 뒷머리가 바닥에 부딪치지 않도록 주의한다. 회전 하고 일어서는 동작이 한 동작처럼 부드럽게 이어지도록 한다.

2) 상대 손 잡고 일어서기

무릎과 허리의 반동으로 일어서기를 할 수 있어야 한다. 누워 상대의 손을 잡고 호흡을 맞춰 한 번에 일어선다. 기본적인 허리 유연성이 있어야 하며 상대와 잡고 일으켜 세울 때 서로가 당겨주는 힘이 있어야 하겠다.

point!

위에서 잡아줄 때 장난치거나 올리다 손을 놓치는 경우가 있는데 상대방이 머리를 다칠 수 있으므로 일으키는 동작을 할 때 집중해서 끌어 올리도록 한다. 어느 정도의 신체와 근력이 비슷한 상대와 손잡고 일어서기를 한다.

3) 물구나무서서 일으키기

손 짚고 앞돌기 연습방법이다. 우선적인 두려움을 없애주기 위한 상대방이 물구나무서기 시 양 발목을 잡아주고 양다리 사이에 고개를 넣고 몸을 180° 틀어 최대한 몸을 밀착시키고 앉으면서 일어서도록 한다. 위 상대와 일어서기와 같은 방법으로 당황하지 말고 서서히 일어서면 된다.

point!

밑에서 받쳐주는 경우 몸을 상대와 최대한 가깝게 밀착하고 무릎과 허벅지 사이를 안정하게 조이듯 잡아 일으켜 세워야 한다. 자칫 빠른 속도로 일으켜 세울 때 상대의 발이 지면에 닿기 전에 머리가 앞으로 쏠려 상해를 입을 수 있으므로 특별히 주의를 기울인다.

4) 옆에서 보조해주기

손 짚고 앞돌기 연습방법이다. 상대와 보조운동을 통해서 몸의 움직임이 어느 정도 숙달되었을 때 다음 동작을 숙지하도록 한다. 두 손을 머리 위로 올리고 내리는 반동을 이용하여 전방 30°~45° 사이에 손을 짚어 몸을 지탱하고 다리를 펴 돌아 일어서기를 한다. 보조자는 상대의 손 짚는 위치를 확인하고 어깻죽지와 허리를 잡아 일으켜 세우도록 한다.

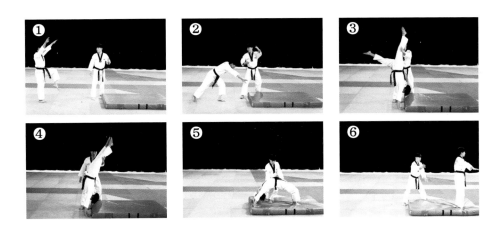

point!

앞돌기할 때 자신감을 느끼도록 하고 팔을 곧게 펴 몸을 지탱하도록 하며 손을 딛는 동시 발을 뒤로 차 회전돌기를 이용한 중심이동이 되도록 한다. 갑자기 팔의 힘을 빼면 상대가 받쳐주는 데 무리가 있어 상해를 입을 수 있다.

5) 손 짚고 앞돌기

손 짚고 앞돌기(hand spring)는 도움닫기의 탄력을 이용하여 몸의 움직임 (밸런스)을 이용하여 앞돌기를 한다. 충분한 보조운동(물구나무서서 일으키기, 옆으로 보조해주기)을 습득하고 난 후 손 짚고 앞돌기 동작을 하도록 한다. 순간적인 물구나무서기를 하면서 앞돌기로 착지하는 동작이다.

양팔은 어깨너비로 벌려 팔을 올리는 동시에 손을 짚고 다리를 위로 차올리며 돈다. 배를 펴고 머리를 회전하는 방향 앞으로 보며 착지한다.

point!

무섭다고 도움닫기를 천천히 돌면 오히려 앞돌기의 회전력이 줄어들어 회전하다 쓰러질 수 있다. 도움닫기를 통해 손을 짚을 때 손을 뒤로 젖힌 후 연결하며 발을 차몸의 중심이 이동되는 회전이 이루어지도록 한다. 점차적인 빠른 속도의 회전이 중요하다.

6) 앞 공중돌기 연습방법

두려움을 줄이는 방법으로 둘둘 말린 매트 위에 공중회전하여 등으로 떨어지는 동작을 반복하여 공중회전 원리를 이해하는 동시에 몸으로 동작을 숙달시킨다.

point!

점프 시 고개를 가슴 쪽으로 최대한 접어 등 쪽이 닿도록 한다.
체공하여 등을 터치하듯 일어서는 동작을 연습하면서 점차 체공에서 안전한 회전을 하여 착지하는 연습으로 이어지도록 한다.

7) 앞 공중돌기(forward somersault)

　　앞 돌기는 구르기, 손 짚고 돌기 등 회전에 대한 감각을 미리 익힌 후 실시해야 부상의 위험성을 줄일 수 있다. 공간의 회전감각, 위치선택 등을 체득하는 것이 좋은 동작이 되며 과감성, 결단성이 필요로 한다.

　　앞 공중돌기는 정확한 도움닫기와 기초 체력의 점프 훈련이 중요하다. 점프하는 순간 팔을 위로 들고 무릎에 반동을 주어 점프하게 한다. 점프한 후 상체와 무릎을 구부리고 팔을 무릎 쪽으로 당기며 돌기를 시도한다. 두 발을 모아서 안전한 착지가 되도록 한다.

point!

　도움닫기를 통한 공중회전 시 팔을 들어 올리며 당겨 도는 동작이 무엇보다 중요하다. 시작과 끝의 연결되는 리듬이 있어야 한다. 기초적인 점프력이 선행되어야 체공에서 도는 동작도 안전하게 돌고 착지할 수 있다.

8) 앞 공중 비틀기

앞 공중돌기 기술을 습득하고 난 뒤 고난도 기술인 앞 공중 비틀기 동작을 수행하여야 한다. 이 동작은 몸 딛고 공중회전 후 비틀며 회전하여 착지하는 기술과 연결이 된다.

도움닫기 후 앞으로 점프하여 동시에 옆으로 비틀어 착지한다. 처음에는 지면이 푹신한 매트에서 비틀기 동작을 먼저 수련해 감각을 익혀야 한다. 이 동작 기술은 체공에서 비틀며 기술 동작을 하여 착지하는 난도가 높으면서 위험한 기술 동작이다. 안전한 매트 사용은 기술 동작 시 부상을 줄일 수 있으며 공중 비틀기 회전에 대한 공포에서 벗어날 수 있다.

완벽한 연습을 통한 기술이 체득되어야 실제 상황에서 동작 사용 기술을 자유롭게 구사할 수 있으며, 실패율을 줄이는 것은 물론 안전한 격파가 이루어질 수 있다.

이 동작은 수평축(세로회전) 격파의 응용 동작 표현할 수 있으며 여러 가지의 기술로 연출된다.

point!

도움닫기 후 앞으로 점프하여 동시에 옆으로 비틀어 착지한다.
최대한 도움닫기를 이용하여 체공 시 시선을 옆으로 팔과 몸을 틀어 회전시켜 착지한다.
도움닫기와 비틀어 회전할 때 리듬이 있어 연결하여야 한다(예: 초보자는 기술할 때 마음속으로 하나, 둘 비틀어 착지라는 리듬이 필요하다).

9) 뒤 구르기

뒤 구르기(backward roll)[13]

체조 경기의 용어로, 마루운동에서 몸을 앞으로 구부렸다가 뒤로 회전하는 동작을 말한다. 앞으로 돌기와 함께 텀블링(tumbling)의 기본 기술이다.
동작에 따라 무릎 굽혀 뒤로 구르기, 다리 벌려 뒤로 구르기, 무릎 펴고 뒤로 구르기, 뒤로 굴러 물구나무서기, 손 짚고 뒤로 돌기, 뒤 공중돌기 등의 응용 동작으로 이어진다. 기초 동작을 통한 응용 기술 동작이 연습되어야 한다.

뒤 구르기는 턱을 당기고 양손을 양 귀의 옆에 짚으면서 자연스럽게 뒤로 돌아 구른다. 뒤 구르는 순간 무릎이 이마에 가까워지도록 하며 손을 지면에 밀착시켜 밀면서 일어선다.

뒤로 돌때 고개를 숙이지 않고 뒤로 젖히는 경우가 초보자들에게 많이 생긴다. 이 동작은 도는 회전에 머리가 부딪쳐 크게 다칠 수 있으므로 고개를 숙여 머리가 부딪치지 않도록 주의한다.

---

13) http://terms.naver.com/entry.nhn?docId=1230887&cid=40942&categoryId=32059 2016.2.2.

뒤로 도는 원심력을 이용하여 턱을 당겨 고개를 숙이고 손을 양 귀 옆쪽에 대고 무릎이 이마 쪽에 가까이 올 때 지면에 밀착시켜 일어선다. 무릎을 굽히면서 엉덩이 〉등 〉목 〉머리의 순서대로 뒤로 돌아 구른다.

10) 2인 1조 뒤돌기

서로 등을 맞대고 상대방보다 자세를 낮추고 손목을 잡고 허리와 엉덩이를 받쳐주고 앞으로 숙이며 상대의 손이 지면에 닿으며 넘어가도록 한다.

등 쪽으로 허리와 엉덩이를 받쳐주면서 자연스럽게 상대방의 체중을 앞으로 옮겨 지면에 손이 닿아 넘어가도록 한다.

11) 무릎 세워 뒤돌기 보조방법

무릎을 세워 상대방이 무릎에 앉아 뒤로 돌 수 있게 대퇴부와 허리를 받쳐 주어 돌도록 해준다.

point!

무릎을 앞굽이 모양으로 앞으로 넣어주고 허리와 대퇴를 받쳐 상대의 양손이 지면 에 닿으면서 체중이동이 되도록 도와준다.

12) 3인 1조 뒤돌기 보조방법

　　양쪽 보조자는 시연자의 등 쪽 띠를 한 손으로 잡고 뒤로 돌 수 있게 안전하게 지탱하고 한 손으로는 돌 수 있도록 위로 살짝 올려준다.

　　시연자는 뒤로 허리를 젖히며 양손을 바닥에 짚고 동시에 발을 차주어 회전하며 일어선다.

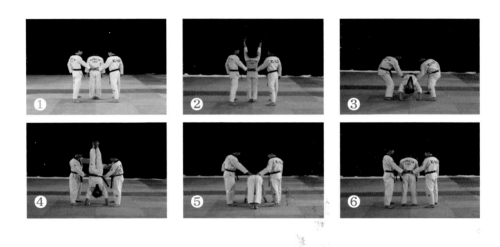

point!

양쪽 보조자는 띠를 안전하게 잡고 시연자가 뒤를 돌 때 한 쪽 손으로 받쳐주고 시연자의 손이 바닥에 닿을 때 위로 올려준다.

이 동작은 한번에 이루어져야 한다. 시연자와 보조자의 호흡이 중요하다.

13) 손 짚고 뒤돌기(back-handspring)

몸을 뒤로 젖혀야 하므로 예비 동작에서의 팔을 뒤로 던져주며 체중을 옮기는 동시에 유연성이 있어야 한다.

손 짚고 뒤돌기 동작은 뒤 구르기, 2인 1조 뒤돌기, 무릎 세워 뒤돌기, 3인 1조 뒤돌기 연습이 끝난 후 뒤돌기 감각을 충분히 익히고 기술을 습득한 후 기술 수련에 임해야 한다. 손 짚고 뒤로 돌기는 높은 기술의 난도이며 여러 부상의 요소들이 있어 기술 사용에 각별한 주위가 필요하다. 그러나 위의 기술들을 충분히 연마한 상태에서의 손 짚고 뒤돌기는 연습과 같은 방법으로 돌기는 쉽게 돌 수 있을 것이다.

이 동작을 함으로써 연결 기술인 공중돌기 연습에 도움을 준다.

point!

무릎을 굽혔다 펴면서 팔을 뒤로 던지듯이 하여 원심력을 이용한다. 고개를 뒤로 젖히며 지면에 손이 닿으면서 팔을 펴고 체중을 뒤로 밀며 옮겨 디뎌 일어선다. 어깨와 허리의 신전 능력을 높여야 한다.

14) 2인 1조 등 밀어 뒤 공중돌기 보조방법

　서로 등을 맞대고 상대방보다 자세를 낮추고 손목을 잡고 허리와 엉덩이를 받쳐주고 앞으로 숙이며 등을 밀어주어 상대가 체공 상태에서 돌아 착지하여 마주 보는 자세가 된다.

　서로 등을 맞대고 넘기는 상황에서 넘어가는 상대는 힘을 최대한 빼고 상대의 등을 기대 회전하여 안전한 착지가 되도록 한다.

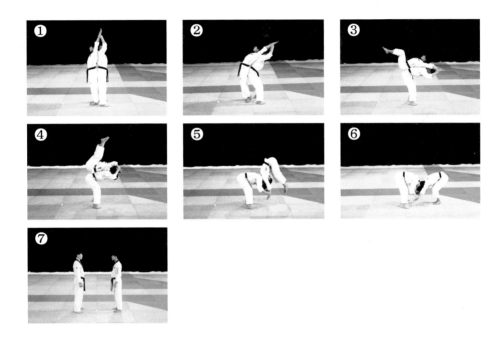

point!
　손목을 잡고 허리와 엉덩이를 받쳐주고 앞으로 숙이며 등을 밀어주는 동시에 상대도 등을 받아 밀어 체공 상태를 만들어 돌아 착지한다.

15) 3인 1조 뒤 공중돌기 보조방법

2인 보조자는 시연자의 도복 띠를 한 손으로 잡고 한 손은 공중에서 돌 때 몸을 받쳐주며 위로 끝까지 올려주어 돌게 도와준다.

point!

양쪽 보조자는 띠를 안전하게 잡고 시연자가 뒤 공중 돌 때 한쪽 손으로 시연자의 허리 부분을 쳐올려 회전이 쉽도록 도와준다.
시연자는 팔을 이용한 공중 뒤돌기가 되도록 한다. 시연자와 보조자의 호흡이 중요하다.

16) 2인 1조 뒤 공중돌기 보조방법

　머리가 미리 뒤로 젖혀지지 않도록 주의하며 팔을 위로 들어 올려 내리면서 대퇴 허벅지 뒤쪽을 치며 잡는 동작으로 체공에서의 동작 감각을 익히는 연습 방법이다. 시연자가 고개를 뒤로 젖히면 보조자의 얼굴에 타격을 주어 상해를 입을 수 있으므로 시연자의 주의가 필요하다.

point!

　무릎을 살짝 굽힘과 동시에 팔을 아래에서 위로 쳐올려 내리면서 대퇴 허벅지 뒤쪽을 치며 잡아 체공에서의 감각을 익힌다. 보조자는 상대가 뛰어오를 때 같이 리듬을 맞추어 올려준다. 체공에서 힘을 주어 뒤로 받쳐줄 때 흔들리거나 밀리지 않도록 한다.

체공 연습

체공 연습은 체공하기 전 도움닫기에서 지면 반력을 이용한 뛰어오르는 연습과 뛰어 올라 체공에서의 중심잡기와 안전한 착지로 이어지는 리듬감 연습이 무엇보다 중요하다. 체공에서 중심을 잃으면 착지 시 부상으로 이어지는 경우의 사례가 많이 있으므로 체공에서의 기술 감각을 익히는 것은 중요하다.

17) 뜀틀 밟고 뛰어 착지하기

동작과정에서 도약력, 리듬감, 조정력에 의한 리듬과 박자가 부드럽게 이루어지도록 한다.

한 발로 구름판을 구르고 뜀틀 반대 발은 무릎을 높이 올려주며 점프하여 가볍게 무릎을 굽히며 착지한다. 몸의 무게 중심을 위로 향해 체공에서의 움직임을 자연스럽게 만든다. 이 동작은 격파 시 보조자의 등이나 가슴을 딛고 기술을 구사하는 기초적 연습방법으로 많은 연습이 필요하다. 점진적으로 응용 동작인 체공 기술의 기본 동작이 된다.

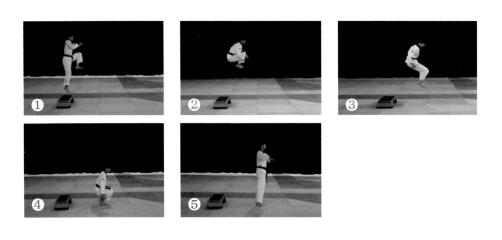

| 예 | 등 밟고 앞차기 3단계, 가슴 밟고 돌려차기, 가슴 밟고 공중회전 격파 등 |

point!

지면 반력을 이용하여 한발로 구름판을 힘차게 구르며 뛰어올라 무릎을 가슴 쪽으로 끌어 올려 무게 중심을 위로 향해 체공에서의 움직임을 자연스럽게 한다. 착지 시 무릎 굽힘의 완충작용을 주어 안전한 착지가 이루어지도록 한다.

태권도 격파의
기본 훈련방법

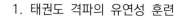

1. 태권도 격파의 유연성 훈련
2. 앉은 자세에서 기본 훈련
3. 격파 기본 훈련
4. 격파의 도약 훈련

01 태권도 격파의 유연성 훈련

유연성은 태권도의 기본이라 할 수 있을 만큼 중요한 요소이다.
격파할 때는 몸의 가동범위를 극대화하고 순간적으로 폭발적인 힘을 내야 한다.
가동범위의 극대화는 접었다 펴(신전)주는 신체의 최대 가동범위를 넓게 하여
큰 힘을 내는 방법으로 유연성 운동은 필수적이다.
격파의 유연성 운동은 신체 부상을 방지하는 요소로도 중요한 역할을 하고 있다.

1) 다리 앞으로 뻗고 상체 앞으로 숙이기

상체를 전면으로 숙여주면서 대퇴 후면을 신전시킬 수 있다. 지면에 엉덩이
를 대고 다리를 곧게 펴고 앉는다. 허리가 곧게 펴질 수 있도록 두 손을 머리 위
로 끌어 올린다. 상체가 곧게 선 상태로 호흡을 내뱉으며 천천히 숙여준다. 이때
주의할 점은 머리가 내려간다고 해서 유연성이 좋은 것이 아니며 상체가 내려가
서 흉부와 복부가 자신의 다리에 닿을 수 있게끔 등을 구부리지 않는 것이 중요
하다. 약 30초간 실시한다.

무릎을 구부리지 말고 서서히 스트레칭을 한다. 이 동작의 연습으로 주로 앞차기, 뛰어 앞차기, 뛰어 양발 앞차기 기술에서 유연성이 요구된다.

2) 다리 앞뒤로 뻗고 상체 앞으로 숙이기

다리를 앞뒤로 뻗고 앉아 앞으로 깊게 숙여준다. 팔은 앞으로 곧게 뻗어 발을 잡도록 하며 흉부가 대퇴부에 닿을 수 있도록 천천히 호흡과 함께 숙여준다. 이때 허리는 항상 곧게 편 상태를 유지한다. 약 30초간 실시하며 두 발을 번갈아 가며 실시한다.

골반이 옆으로 벌어지지 않도록 상체와 대퇴 부위가 일직선이 되도록 하여 무릎을 펴고 서서히 스트레칭을 한다.

3) 다리 좌우로 뻗고 상체 좌우, 앞으로 숙여주기

다리를 좌우로 뻗고 앉아 상체를 좌우 또는 앞으로 숙이며 옆구리와 대퇴 내측을 신장하여준다. 좌우로 숙일 때 몸이 앞으로 기울지 않게 주의하여 숙이는 방향의 옆구리가 대퇴부에 접촉할 수 있게 하며 두 손을 함께 맞잡아 옆구리를 늘려준다. 앞으로 숙일 때 손을 위로 곧게 뻗음과 동시에 허리를 곧게 펴주고 그대로 호흡을 내뱉으며 정면을 향하여 상체를 숙여준다. 이때 가슴과 복부가 지면에 닿게끔 한다. 각 동작별로 약 30초간 실시한다.

point!

앞으로 가슴 숙여 닿기를 할 때 엉덩이가 위로 튀어나오지 않고 아랫배 쪽이 닿는다는 기분으로 스트레칭을 해준다.

02 앉은 자세에서 기본 훈련

앉은 자세에서 기본 자세 훈련은 체공에서의 격파 훈련방법으로 기본 차기 기술을 익히는 방법이다. 한번 뛰어올라 앞으로, 옆으로, 양옆으로 기본적인 훈련을 통한 기술을 습득하기 위한 방법이다.
체공에서의 완벽한 기술 표현은 차고 착지하는 데 부상을 줄일 수 있다.
체공 격파를 위한 필수요소의 동작이며 이 동작을 통하여 체공 다방향의 차기와 손과 발의 협응 격파가 연결되기 위한 기초 동작이다.

1) 뛰어 앞차기 훈련방법

두 무릎이 벌어지지 않도록 모으고 차는 발 앞축으로 교차해서 무릎을 올리며 앞차기를 실행한다. 숙달이 되면 앞차기를 교차하여 2방~5방 빠르게 차는 단계별 훈련을 한다.

point!

발바닥이 바닥에 닿지 않고 무릎 교차하며 무릎이 완전히 펴지도록 한다. 양 무릎이 벌어지지 않도록 한다.

2) 뛰어 옆차기 훈련방법

두 무릎을 모아 옆으로 골반을 틀어 다리를 접어주어 시작점을 만든다. 모은 발이 지면에 닿지 않게 하고 위쪽에 있는 발이 옆차기 모형을 갖추도록 연습한다. 처음은 구분 동작으로 시작해서 숙달되면 옆차기를 오른발＞왼발＞오른발 교차하며 빠르게 차는 훈련을 한다.

point!

두 발이 지면에 닿지 않도록 주의한다. 옆차기할 때 시선은 뒤축을 향하여 본다. 어깨, 골반, 뒤축이 일직선이 되도록 한다. 차는 발의 반대 발을 접어 중심을 잡도록 한다.

3) 모둠발 앞차기 훈련방법

두 무릎을 모아 발은 지면에 닿지 않게 유지한 상태로 두 발을 동시에 차는 훈련방법이다. 이는 모둠발로 뛰는 앞차기의 지상 훈련으로써, 공중에서 두 발을 동시에 찬 후 재빨리 발을 다시 끌어들여 착지하기 위함이다.

차는 동작에 있어 무릎에 힘을 주어 무릎이 튕겨 상해를 입지 않도록 주의해야 한다.

point!

단계별로 느리게, 천천히, 빠르게 시작해 상해를 예방하면서 근력과 유연성을 키워준다. 무릎을 최대한 빨리 접어서 차는 연습을 한다.

4) 양발 뛰어 앞차기 훈련방법

　두 무릎을 약간 벌린 상태로 앉아 발은 지면에 닿지 않도록 유지한 상태에서 두 발을 동시에 차올리며 앞차기를 하는 동작이다. 이는 두 발 동시 뛰어 앞차기의 지상 훈련으로 빠르게 차고 접는 동작을 통해 좌우에 있는 격파물을 정확히 타격한 후 두 발을 이용하여 안전하게 착지하기 위함이다.
　유연성 운동이 선행되어있어야 양발 뛰어 앞차기 연습을 효과적으로 할 수 있다.

point!

무릎을 최대한 빨리 접어서 벌려 차는 연습을 한다. 접어서 차는 연습을 하면 실지 격파에서 힘이 실린 차기를 할 수 있다.

5) 가위차기 훈련방법

　지면에 한 손을 짚고 앉은 상태로 두 발이 닿지 않도록 한 상태에서 두 발을 좌우로 뻗으며 가위차기를 실행한다. 가위차기를 한 후에 다시 다리를 모아 접어 준다. 가위차기 할 때 옆차기, 비틀어차기 각도를 최대한 넓혀주는 연습을 한다.

　유연성 운동이 선행되어있어야 가위차기 연습을 효과적으로 할 수 있다.

　가위차기 숙달이 되면 옆차기 한 발을 빠르게 접어 돌려차기 연결 훈련을 한다.

point!

무릎을 최대한 빨리 접어서 옆차기와 빗차기 발차기가 동시에 이루어지게 한다. 몸의 균형을 잡으며 양쪽에 표적이 있다고 생각하고 연습한다.

03 격파 기본 훈련

격파를 잘하기 위해서는 근력과 순발력 훈련을 많이 해주어야 한다. 근력은 힘을 발휘할 수 있는 능력으로 근육이나 근조직의 수축에 사용되는 근섬유의 크기가 증대되는 근비대 증상으로 이는 근육의 부피가 클수록 큰 힘을 발휘할 수 있음을 의미한다. 태권도의 위력 격파와 같은 시범 종목에서는 순간적으로 폭발적인 힘이 필요한데 파워=근력×속도의 공식과 같이 강한 힘을 원한다면 근력 발달이 필수적인 요소이다.

태권도 격파 시범에서 순간적인 도약력이 있어야 하는 기술 격파와 폭발적인 힘이 있어야 하는 위력 격파 같은 종목에서 특히 필요한 요소이다.

제자리 또는 도움닫기를 통해 높이 뛰는 동작을 취할 때 몸의 균형 능력을 기를 수 있으며 착지에서의 안전한 자세를 취할 수 있도록 연습하는 방법이다. 태권도 격파에서 기본적으로 갖추어야 할 훈련방법이다. 기본기에 충실해야 실지 기술이나 위력 격파에서 부상 없이 성공적인 격파를 할 수 있다.

1) 비복근 훈련

초보자는 벽면에 손을 짚고 수련하며 차츰 제자리에 서서 발목이 완전히 펴질 때까지 뒤꿈치를 들어 올려 비복근에 충분히 자극이 주어지도록 한다. 뒤꿈치를 완전히 올려 비복근의 자극이 계속될 수 있도록 자세를 유지하며, 약 30초간 실행한 후 뒤꿈치가 지면에 닿지 않게끔 하여 천천히 내린다. 천천히 발목의 근력과 중심균형을 잡고 연습하는 기초 방법이다.

앞

옆

point!

발목에 힘을 집중하여 뒤꿈치를 들어 몸의 균형을 잡는 것이 중요하다.

2) 발목으로 뛰기

발목을 사용하여 신체 균형을 잡고 발뒤꿈치가 지면에 닿지 않도록 하고 발목과 무릎관절을 이용하여 최대한 높이 뛰어 내려온다.

처음에는 자신의 능력에 맞게 높이를 조정해야 상해를 줄일 수 있다.

앞

옆

point!

발목과 무릎을 약간 굽혔다 펴면서 체중을 공중에 띄운다. 마찬가지로 내려올 때도 착지하는 순간 발목과 무릎을 접어 완충작용하여 몸에 무리가 없도록 한다.
몸 전체에 힘을 빼고 발목과 무릎의 힘으로 몸을 움직이도록 한다.

3) 무릎 가슴 닿기

제자리에서 높이 뛰어 가슴에 닿는 동작으로 뛰어 차기의 기본이 되는 연습
방법이다. 높이 뛰어 몸의 균형을 조정하고 착지 시 무릎을 가볍게 굽혀주는 완
벽한 착지방법을 연습한다.

point!

최대한 고개를 앞으로 숙이지 말고 선 상태에서 무릎이 가슴을 닿도록 뛰는 동시에
무릎을 빨리 끌어 올린다.
단일 연습이 된 후 연속적인 무릎 가슴 닿기 연습을 한다.

4) 두 발 앞으로 뻗기

제자리에서 높이 뛰어 두 발 앞으로 뻗기는 그 자체가 모둠발 앞차기 시범이 되는 연습방법이다. 또한 이 동작을 함으로써 뛰어 양발 앞차기로 응용 연결된다.

point!

> 팔을 이용해 점프하는 동시에 손을 위로 향해 몸을 띄우며 두 발을 모아 앞차기의 형태가 되도록 한다. 착지 시 발목과 무릎을 약간 굽혀주어 완충작용을 해준다. 단일 연습이 된 후 연속적인 두 발 앞으로 뻗기 연습을 한다.

5) 두 발 뒤로 젖히기

제자리에서 높이 뛰어 활시위 당기듯이 뒤로 젖혀주는 연습방법과 착지 시 발목과 무릎의 완충작용으로 가볍게 착지하여 상해를 방지하며 안전한 신체 균형을 갖는다.

point!

> 팔을 이용하여 점프하며 뒤로 젖힌다. 젖힌 손과 발이 닿을 정도로 체공에서 뒤로 활시위 당기는 모형의 몸을 만든다. 착지 시 발목과 무릎을 약간 굽혀주어 중심을 잡으며 완충작용을 해준다. 단일 연습이 된 후 연속적인 두 발 뒤로 젖히기 연습을 한다.

6) 양발 좌우로 뻗기

제자리에서 높이 뛰어 좌우로 뻗기는 그 자체가 뛰어 양발 앞차기 시범이 되는 연습방법이다. 무릎을 빠르게 접어 체공을 유지하여 앞차기를 연결한다.

point!

몸을 높이 띄우기 위해서는 보폭과 리듬이 필요하다. 앉았다 일어서며 손을 하늘에 올리는 동시에 내리면서 발의 연결을 통하여 위로 솟구치는 체공력을 갖도록 한다. 단일 연습이 된 후 연속적인 좌우로 뻗기 연습을 한다.

7) 두 무릎 교차하기

제자리 무릎 교차하기 동작은 고공 상태에서 여러 발차기의 기술을 구사할 수 있는 동작을 할 수 있는 기술력을 만들어주며 체공 시 몸의 균형을 잡는 연습을 한다.

point!

체공에서 무릎 최대한 끌어 올려 가슴에 닿게 교차하여 중심을 잡아준다. 체공에서 몸의 중심을 잡기 위해서는 단전에 힘을 주고 발을 교차하는 동시에 상체가 뒤틀려 몸의 균형을 잡아주어야 한다.

8) 제자리 뛰어올라 수직축 회전하기[14]

제자리에서 높이 뛰어올라 360° 회전하여 제자리로 착지하는 방법이다. 이 동작으로 돌개차기, 540° 뒤 후려차기 등의 회전 발차기를 하기 위한 기초 훈련 방법이다.

손을 펴서 돌기 위한 준비를 한다

손과 몸을 틀어 준비한다

손을 모아 저항력을 줄이고 회전력을 증대시킨다

시선이 돌아간다

point!

뛰어오르는 동시에 시선을 먼저 돌려 몸의 균형을 잡는다. 처음부터 돌아 시선을 보기보다는 체공의 공간을 만드는 것이 중요하다. 단일 연습이 된 후 좌우 돌기와 두 바퀴 돌아 안전하게 착지하는 방법을 연습한다.

---

14) 자유품새 규정 필수 종목에서 회전 발차기를 하는 연습방법이다. 뒤 후려차기 발차기를 여러 회전을 통하여 태권도의 화려함을 더욱 빛낼 수 있다.

(8-1) 외발 앞으로 뛰어 돌아차기

　　지지하고 있는 발을 살짝 앉았다 일어서며 반동을 주어 뛰어오른다. 뛰는 동시에 지지하고 있는 발을 돌려차기 형태로 차 돌려 그 발로 착지하는 동작이다. 체공에서 회전하여 착지하는 몸놀림 연습방법이다. 초보자의 대부분 체공에서 앞으로 돌며 착지하는 방법을 모르며 체공에서 중심 잡기가 어렵기 때문에 개인 근력과 기술 수준에 따라 강도를 점층적으로 늘려 연습하도록 한다.

　　이 동작은 회전 기술의 중요한 연습방법으로 외발 돌개차기, 720° 돌개차기 등의 다양한 기술로 전환할 수 있다.

point!

뛰어오름과 동시에 골반을 틀어준다. 돌려차기 시 차고 접지 말고 펴서 착지하도록 한다.

(8-2) 외발 뒤로 뛰어 돌아차기

무릎을 올린 상태에서 앉았다 일어서며 반동을 주어 뛰어오른다. 뛰는 동시에 올린 무릎을 골반 쪽으로 접어 뒤로 회전하며 뒤차기 형태로 차면서 펴 후린다. 초보자들은 앞으로 회전하는 것보다 뒤로 회전하는 동작에 두려움을 가질 수 있기 때문에 체공에서 회전하는 동작의 몸 쓰임새를 연습을 통해 숙달시키도록 하며 높이는 점차 조절한다.

이 동작은 뛰어 뒤로 회전하는 다양한 기술과 연결되어 있다.

이 동작은 회전 기술의 중요한 연습방법으로 뒤 후려차기, 540° 뒤 후려차기 등의 다양한 기술로 전환할 수 있다.

point!

뛰어오름과 동시에 시선을 목표 표적을 보면서 체공에서 중심을 잡고 골반을 이용하여 차기가 이어지도록 한다.

9) 수평축 회전[15]

공중돌기를 하기 위해서는 다음과 같은 단계별 연습이 필요하다. 완벽한 동작을 수련한 후 난도를 높이며 체계적인 훈련이 되도록 한다.

공중회전 발차기의 기본 훈련이다.

- 누운 상태에서 브리지(다리) 만들기
- 누운 상태에서 무릎 접고 다리 모아 잡기
- 선 상태에서 무릎 가슴 닿기
- 선 상태에서 뛰어올라 무릎 가슴 닿고 다리 모으기(뒤에 보조자가 등 잡고 중심 잡아 뒤로 젖혀주기)
- 양쪽 띠를 잡고 시연자가 뛰어올라 무릎 가슴에 닿고 양팔을 대퇴(허벅지) 부분을 쳐준다. 회전 시 보조자는 대퇴 부분을 쳐주어 자연스럽게 돌게 해준다.

---

15) 자유품새 규정 필수 종목에서 아크로바틱 발차기를 하는 연습방법이다. 이 동작을 통하여 태권도의 화려함을 더욱 빛낼 수 있다.

(9-1) 제자리 뛰어 뒤 공중돌기 연습방법

손을 자연스럽게 아래에서 위로 올리면서 점프한다.

point!

약간 뒤로 점프하며 턱을 가슴 쪽으로 당겨준다.

(9-2) 누워 뒤 공중돌기 연습방법

누운 상태에서 손을 위아래로 반동을 준 후 무릎을 당겨준다. 손은 무릎을 당기는 순간 감싸준다.

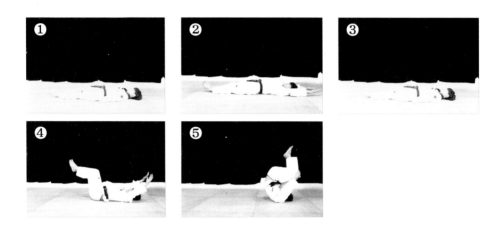

point!

뒤 공중 착지 시 무릎이 가슴에 닿으면 얼굴 상해를 입을 수 있어 연습 시 주의 한 다. 이마 앞쪽으로 가도록 당겨주며 얼굴과 간격을 준다.

(9-3) 도약하여 뒤 공중돌기

도약하여 뒤 공중돌기는 빠른 도약력을 이용하여 손 짚어 회전력을 증가시켜 공중회전시켜 도는 동작을 말한다. 도약력과 회전을 통해 하체(발목 무릎)의 탄력을 이용하여 뒤로 방향 틀어 점프하여 공중회전하는 운동이다. 충분한 체공 상태에서 회전이 되도록 체공에서 무릎을 끌어 올리며 무릎 잡는 동작이 동시에 이루어져야 한다.

point!

도움닫기를 통한 손 짚기의 회전 연결이 중요하다. 회전력의 공중돌기 체공을 극대화시키는 방법으로 손 짚고 돌기의 빠른 연결 중심이동과 회전을 통한 뒤 공중돌기가 이어져야 한다. 뒤 공중 돌기 시 무릎을 가슴 (무릎이 가슴에 너무 가까이 닿으면 착지 시 무릎에 얼굴을 부딪쳐 상해를 입을 수 있다.) 쪽으로 끌어 올려 공중회전이 이어지게 한다.

(9-4) 제자리 뒤 공중돌기

제자리에서 발목과 무릎의 탄력을 이용하여 뒤로 점프하여 회전하는 운동이다. 충분한 체공 상태에서 회전이 되도록 하며 무릎 잡는 동작이 동시에 이루어져야 한다. 무릎의 반동을 주어 뛰어 무릎을 올린 후 손은 하늘을 향해 체공력을 만들고 무릎을 접어 회전을 도와주어 착지하도록 한다.

점프하여 시선을 돌려 공중회전이 자연스럽게 이루어질 수 있도록 한다. 제자리에서 회전할 때 부상위험이 크므로 바닥은 쿠션이 좋은 매트로 받쳐주어 부상을 줄이도록 해야 한다.[16]

점프하는 기본 근력을 키워 체공력의 회전이 되도록 한다. 이 동작은 부상의 위험이 크며 목 부위 큰 부상으로 이어질 수 있으므로 신중한 동작 연습이 필요하다.

point!

팔을 이용하여 앉았다 일어서는 동작과 함께 무릎을 끌어 올려 체공에서의 회전이 이루어지도록 한다.

---

16) 신호철(2013). 격파 경기 활성화를 위한 경기규칙 개선방안. 사진: 신호철의 뒤 공중돌기.

10) 표적 사각 판 앞차기 이어차기(2인 1조)

    손과 발의 협응력, 손과 발을 교차하면서 빠르게 차주면서 바꿔준다.

    보조자는 타격 부위를 아래에서 점진적으로 적응과 기량에 따라서 상향 조정할 수 있도록 한다.

point!

발을 찰 때 팔을 함께 좌우로 움직여 주어 신체 움직임의 사용을 가장 자연스럽게 해준다. 발만 접어 차는 것이 아니라 골반이 함께 움직이도록 한다. 점진적으로 빠른 속도와 각도를 높여준다.

11) 교차하며 무릎 올려 표적 사각판 차기(2인 1조)

팔과 다리를 교차하면서 무릎으로 사각판을 차도록 높이 몸을 띄워 찬다.

체공 상태에서의 손과 발의 균형을 연습하는 과정이며 점진적으로 높이를 조정하면서 신체 능력에 맞게 수련할 수 있다.

point!

약간 앉았다 일어서며 체공에서 무릎을 교차하면서는 무릎이 표적에 닿게 한다. 몸의 바운스 동작을 하여 높이 솟아올라 무릎을 교차한다.

상체를 움직여주어 무릎이 교차하도록 하며 체공에서 중심을 잡도록 상체를 세운다.

12) 표적 사각판 무릎 교차하며 올려차기(2인 1조)

고개를 숙이지 말고 무릎을 교차하면서 표적을 찬다. 찬 발은 지면에 닿지 않도록 하고 다시 무릎을 올려 교차하면서 차준다.

한번에 두 번 타격하여야 한다.

상대의 능력에 따라서 높이를 상향 조정하여준다.

체공 상태에서의 몸의 움직임과 목표 타격 후 착지 동작을 연습할 수 있는 과정이며 숙달이 되면서 실지 격파와 같은 상태에 적응할 수 있다.

point!

리듬의 도움닫기를 통해 손과 함께 체공에 뛰어올라 교차하며 체공에서 사각판이 타격되도록 한다.

13) 다리 모아 뛰어 앞차기

자세를 낮추지 말고 몸 전체를 위로 뛰면서 무릎을 올려준다. 무릎을 올림과 동시에 앞차기를 차준다. 발 바꿔 교차하면서 찬다. 몸의 중심을 잡으면서 착지 시 앞축으로 먼저 지면에 닿도록 한다. 뒤꿈치가 지면에 먼저 닿으면 무릎 발목에 상해를 입을 수 있으므로 특히 주의해야 한다.

두 발을 모아 동시에 뛰기를 한 후, 한 발 무릎 올려 차준다. 연결하며 같은 방식으로 번갈아 가면서 차준다. 체공 상태에서 몸의 연결과정을 숙달시킬 수 있다.

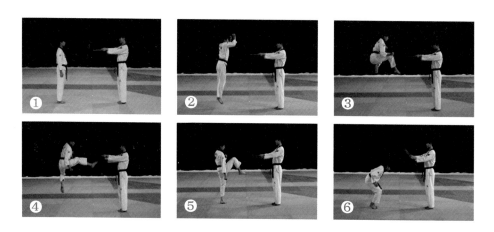

point!

무릎과 발목을 이용하여 살짝 앉았다 일어서며 체중을 위로 뛰어올린다. 체공에서 무릎을 교차하면서 표적에 발등이 닿도록 한다. 가슴을 펴고 체공에서 몸의 균형을 유지하면서 차는 동작이 중요하다.

04 격파의 도약 훈련

도약 훈련은 제자리에서의 도약과 도움닫기를 통한 도약 연습이 있다. 도움닫기를 통한 도약 연습이 일반적이며, 도움닫기는 힘의 집중과 도약력을 얻기 위하여 실시하는 동작으로 높은 도약을 얻기 위한 짧은 거리의 도움닫기와 멀리뛰기를 위한 긴 거리의 도움닫기가 있다.

도움닫기는 격파의 형태나 개인의 습관에 따라 각기 다를 수 있으나 몸을 좌우로 흔들거나 발을 지면에 끌면서 진행하지 않도록 주의하여 반듯한 자세로 표현할 수 있는 연습을 한다.

도약의 연습은 단독의 도약 연습에서부터 시행하여 장애물을 넘는 도약의 연습과 장애물을 밟고 도약하는 연습으로 진행하며, 도약의 거리와 높이 그리고 장애물에 대한 난도를 낮은 단계에서부터 서서히 높은 단계로 높여가면서 점진적 부하를 주어 훈련이 되도록 한다.

※ 체공에서 연습하는 동작이므로 집중하지 않으면 큰 상해를 입을 수 있으므로 항시 긴장하고 바른 동작을 취한다.

1) 도움닫기

격파하기 전의 몸의 균형을 유지하면서 도약하는 방법으로 천천히 뛰다 가속적으로 빠르게 뛰다가 점진적으로 속도를 줄이는 방법으로 몸의 조화로운 움직임을 필요로 한다.

도움닫기는 공간적, 시간적, 동작 기술의 변화에 따라 여러 가지 변형적인 움직임이 필요하다.

몸의 중심을 흩트리지 않고 자연스럽게 도움닫기를 이용해 높이, 멀리 격파를 이용한 격파가 이루어진다.

point!

도움닫기는 걷기 달리기의 형태라 할 수 있으나 리듬을 가지고 빠른 속도와 함께 몸을 조절할 수 있어야 한다.

2) 하늘 닿기

도움닫기를 통하여 자기 신체를 높이 띄우는 방법을 연습한다. 한 발로 뛰어
오르면서 한 손으로 하늘 높이 찌른다.

point!

발을 디디면서 차오를 때 손을 아래에서 위로 올리면서 튀어 오르는 체공력을 높일
수 있다. 한 손과 양손 응용하여 연습한다.

3) 하늘 펼치기

도움닫기를 이용해 추진력으로 두 발을 모아 뛰어오르며 손을 뒤로 젖히고 내려오는 추진력을 통해 점프와 함께 만세 동작으로 반원을 그리며 몸의 균형을 조절하고 안전한 착지를 한다.

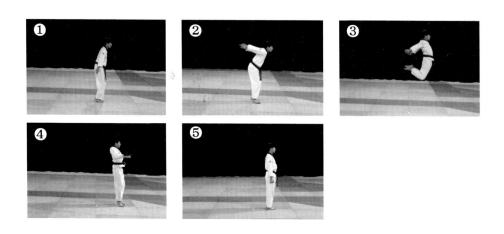

4) 뛰어 옆으로 다리 모으기[17]

뛰어 옆차기하는 방법으로 앞으로 뛰면서 골반과 허리를 틀며 무릎을 접어주어 두 발을 옆으로 발 날이 모아있는 상태로 체공에서 자세를 유지하여 미적인 표현도 함께 연습할 수 있다.

point!

도움닫기를 통해 앞발을 딛고 골반을 틀어 두 발과 무릎이 체공에서 모이도록 한다.

---

17) 자유품새 규정 필수 종목에서 뛰어 옆차기 발차기를 하는 연습방법이다. 체공에서의 옆차기 동작을 통하여 태권도의 화려함을 더욱 빛낼 수 있다.

(4-1) 뛰어 무릎 옆차기 3방

앞으로 뛰어올라 골반을 틀어 옆차기 형태로 무릎을 교차한다. 체공 상태에서 골반과 팔의 스윙 동작을 통하여 옆차기 형태의 무릎이 3번 번갈아 교차하도록 한다.

이 동작은 뛰어 옆차기 3방의 기술로 이어지며 여러 가지 체공 기술로 연결된다.

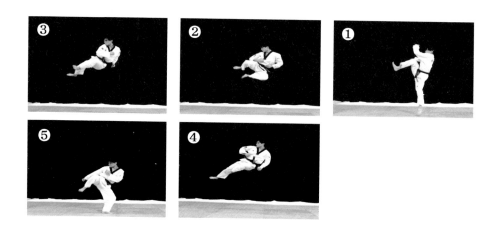

point!

뛰어오르면서 골반을 옆차기 형태로 틀고 최대한 가동범위가 크도록 무릎을 교차하는 연습을 한다.

5) 뛰어 회전하며 무릎 모아 돌기

공중에서 뛰어 뒤차기의 연습방법으로 체공에서 몸을 회전하는 기술을 연습한다. 회전에 의한 직선 타격의 몸 쓰는 방법이다. 체공에서 시선은 목표 지점을 향해 본다.

point!

지면 반력을 최대한 이용해 뛰어올라 시선을 돌려 목표 지점을 보고 무릎을 접어 올린다. 이때 회전에 의한 어깨가 360° 돌아가지 않게 잡아준다.

6) 뛰어 두 무릎 번갈아 뛰기

도움닫기를 통해 뛰어올라 체공에서 무릎을 교차하여 착지한다.

① 도움 발과 팔을 위로 힘껏 쳐올려 제자리에서 최대한 도약한다.

② 최고점에 도달할 때까지 팔과 다리를 쳐올린다.

③ 최고점에 도달하였을 때 팔과 다리를 교차하여 반대 무릎을 힘껏 가슴 쪽으로 쳐올린 뒤 가볍게 착지한다.

④ 착지 시 뒤꿈치가 닿지 않도록 몸을 진행 방향 앞으로 나가며 앞축이 닿게 한다.

point!

지면 반력을 최대한 이용해 뛰어올라 손과 발의 반작용을 이용하여 무릎을 가슴 앞에 오게 하며 체공에서 중심을 잡고 착지한다.

(6-1) 뛰어 무릎 앞차기 3방

빠른 도움닫기를 통해 뛰어올라 앞으로 나가는 체공력을 키운다. 뛰어오름과 동시에 체공에서 골반과 팔의 스윙 동작을 이용하여 앞차기 형태의 무릎을 3회 교차한다(멀리뛰기 하는 선수의 무릎 교차하는 느낌으로 체공에서 손과 발을 교차한다).

point!

뛰어오름과 동시에 골반과 팔을 이용하여 최대한 무릎 교차의 가동범위를 크게 연습한다. 착지 시 몸의 중심이 앞으로 향하도록 한다.

※ 응용동작 뛰어 무릎 앞차기 4방

연습방법 팔의 스윙 동작의 뒤틀림을 가지고 뛰어올라 무릎 교차하기

(6-2) 뛰어 무릎 돌려차기 3방

빠른 도움닫기를 통해 뛰어올라 돌려차기 형태로 옆으로 나가는 체공력을
키운다. 뛰어오름과 동시에 체공에서 골반과 팔의 스윙 동작을 이용하여 돌려차
기 형태의 무릎을 3회 교차한다(비스듬한 45° 각도의 무릎이 교차한다).

point!

뛰어오름과 동시에 골반을 옆으로 틀고 최대한 무릎 교차의 가동범위를 크게 연습
한다.

7) 발 딛기 방법

(7-1) 구조물을 이용하여 발 바꾸기

무릎 높이의 구조물에 한 발을 올린 후 다른 한 발을 올림과 동시에 먼저 올렸던 발을 교차하며 내린다. 발목의 관절을 이용하여 가볍게 교차한다.

point!

가벼운 움직임을 통하여 구조물을 밟고 뛰어오름과 동시에 무릎을 가슴 앞으로 모으며 발을 교차한다. 체공에서 중심을 잡고 착지한다. 착지 시 뒤꿈치가 먼저 닿지 않도록 한다.

(7-2) 구조물을 이용하여 가슴 닿기

무릎 높이의 구조물에 한 발을 올린 후 다른 한 발을 올림과 동시에 먼저 올렸던 발과 함께 무릎을 접어 가슴 닿기를 한다. 구조물을 이용하여 몸의 중심이 동과 높은 체공 상태에서의 균형을 잡고 착지하여야 한다.

point!

가벼운 움직임을 통하여 구조물을 밟고 뛰어오름과 동시에 두 무릎을 가슴 앞으로 모은다. 체공에서 동작할 때 몸의 중심을 잡는 것이 중요하다. 착지 시 뒤꿈치가 먼저 닿지 않도록 한다.

8) 가슴 딛기

팔짱을 낀 상대방의 팔과 가슴 사이를 밟고 공중으로 높이 도약하는 방법이다. 고정
되어있는 팔과 가슴 사이를 밟을 때 잡아주는 사람과 함께 호흡하여 위로 띄워주어
높은 체공에서 기술을 발휘할 수 있다.
- 가슴 딛기 연습방법
- 가슴 딛고 공중돌기 연습방법

(8-1) 가슴 딛기

무릎 높이의 구조물에 한발을 올린 후 다른 한발을 올림과 동시에 먼저 올
렸던 발을 교차하며 내린다. 발목의 관절을 이용하여 가볍게 교차한다.

point!

보조자가 받쳐주어 올리는 순간 지지하는 발은 올리는 힘을 받아 위로 뛰어오른다.
반대 발을 교차하며 무릎을 높이 올린다.

(8-2) 가슴 딛고 공중돌기

보조자와 호흡을 같이 맞춰주어서 격파자가 딛고 뛸 수 있도록 위로 띄워주는 역할을 해준다. 격파자가 가슴 딛고 뛸 때 같이 위로 올려주어 외력으로 인해 높은 체공 상태를 유지할 수 있다.

point!

보조자와의 호흡이 무엇보다 중요하다. 밟고 올려주는 타이밍 연습을 많이 한다. 밟고 뛰어오르는 반대 무릎을 가슴 앞으로 끌어 올리며 시선을 뒤로 젖혀 공중회전이 연결되도록 한다.

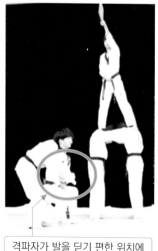

격파자가 발을 딛기 편한 위치에
팔을 보조해 준다

보조자는 격파자가 발을 디디면 일어
서며 격파자의 체공을 도와 띄워준다

9) 등 밟기

구부려 엎드려 있는 보조자를 이용하여 체공력을 높이는 방법이다. 보조자와 격파자의 호흡이 무엇보다 중요하며, 호흡이 원활하지 않을 시 부상의 위험이 크다. 고정된 사물을 밟고 뛰는 연습을 충분히 한 후 보조자의 등을 밟도록한다.

point!

빠르고 리듬감 있는 도약을 통하여 이단의 등을 밟고 뛰어오른다.
고정된 등을 밟는 방법과 보조자와 호흡을 맞추어 등을 밟을 때 위로 띄워주는 방법이 있다. 두 번째 방법이 효과적이긴 하나 실수율이 높으며 보조자와의 많은 훈련이 필요하다.

(9-1) 등 밟기 1단계

　격파 준비를 할 때는 격파물을 보고 도움닫기를 하면서 정면을 광범위하게 바라보다가 등을 안전하게 밟고 보조자의 격파물을 정확히 바라본다. 도움닫기의 추진력을 이용해 한 발로 등을 밟고 뛰어올라 무릎을 가슴까지 끌어 올린 후 다른 발도 교차하면서 무릎을 가슴까지 끌어 올린 뒤 안전하게 착지한다.

　자연스럽게 추진력을 이용하되 가볍게 두 손을 같이 높게 올려주는 동작으로 양팔을 앞뒤로 자연스럽게 어깨와 몸 전체를 견인한다는 느낌으로 위쪽을 향하여 끌어 올려준다. 두 발로 안전하게 착지 후 자세를 잡아준다.

　엎드려 있는 등을 밟고 체공 상태에서 균형을 유지한다. 이 연습방법을 통하여 뛰어 앞차기, 뛰어 뒤차기, 공중회전 앞차기 기술을 구사할 수 있다.

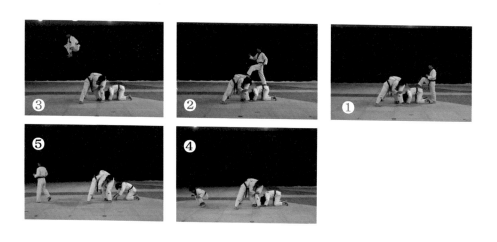

　도약을 통하여 빠른 스피드를 가지고 등을 밟고 뛰어오른다. 체공에서 상체의 중심을 잡고 앞꿈치와 발목 무릎을 이용하여 안전한 착지를 한다.

(9-2) 등 밟기 2단계

2단계의 등을 밟으면서 뛰어올라 체공 상태에서 균형을 유지한다. 이 연습 방법을 통하여 등 밟고(2단계) 뛰어 앞차기 1단계, 2단계, 3단계 격파 기술을 구사할 수 있다.

point!

등 밟고 뛰어올라 골반과 상체를 교차해 앞차기를 시도한다. 대부분 체공에서 골반이 움직이지 않고 무릎관절만 접었다 펴면서 앞차기를 시도하는데 이러한 동작은 힘 있고 아름다운 동작을 표현할 수가 없다.

태권도 격파의
구성

01 송판 파지법

파지법은 격파물을 손으로 고정해서 잡아주는 방법으로 격파물의 일부를 손으로 고정해줌으로써 격파자의 동작 수행을 돕는 것이 일차적인 목적이다. 이러한 동작을 수행하면서 격파물이나 파편의 비행 방향을 예측하여 격파자, 보조자 또는 관중들이 다치지 않도록 방향 설정에 주의하여야 한다.

파지법은 격파의 위치와 각도 높이에 따라서 잡는 부위 모양이 달라진다. 이는 보조자가 안전하게 잡을 수 있고 격파자의 발이나 손이 움직이는 동선에 맞게 잡아주어 정확한 격파가 이루어질 수 있도록 해준다.

격파물을 손으로 고정하는 경우 일반적으로 격파물의 윗부분과 아랫부분의 끝단과 같이, 면의 가장자리를 잡아주게 되며, 격파물의 재질, 모양, 그리고 격파의 형식에 따라서 한 손으로 잡는 한 손 잡기와 두 손을 모두 사용해서 잡는 양손 잡기의 방법이 있다. 한 손으로 잡기는 위로 잡기와 아래로 잡기가 있으며, 주로 속도가 강조되는 기술 격파에 사용된다. 두 손으로 잡기에는 아래로 잡기, 위로 잡기의 방법이 있으며, 위력적인 격파와 기술 격파에 모두 사용되는데, 타격기술의 진행 방향, 높이와 각도에 따라 다르게 사용된다. 보조자는 격파자의 격파물에 대한 타격 방향과 신체의 이동 방향에 따라서 구분하여 잡아야 한다. 격파자와 위치의 신호가 끝난 후 격파 시에는 격파자를 보지 않고 격파물에 시선을 주시해야 한다. 격파자를 볼 때 자신도 모르게 본능적으로 몸을 피하게 되어 완파하기 어려우며 상해를 입을 수 있다.

인간의 한계를 넘어선 격파 기술이 날로 발전함에 따라 격파의 위치는 더 높아졌다. 높은 곳을 찰 수 있도록 보다 실용적인 송판을 잡기 위한 방법으로 도구를 사용해 정확한 파지가 되도록 도와주는 도구이다.

1 'ㅂ' 받침대

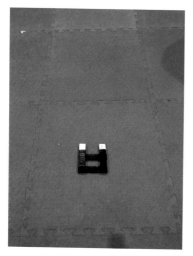

point!

장애물, 익스트림, 트릭킹 격파에서 많이 사용되고 있으며, 다양한 각도에서 나오는 발차기의 격파를 보다 정확하게 수행할 수 있게 도와주는 도구이다.

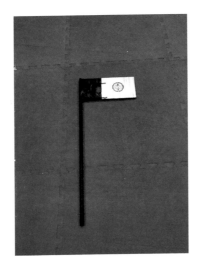

point!

주로, 측전 격파에 많이 사용되며, 목마, A탑에서 많이 사용한다.

3 3단 장대

point!

장애물 격파에 많이 쓰이며, 목마, A탑, 3층 탑에 올라가서 잡을 수 있다.
높이는 2~5m 이상으로 잡을 수 있으며 높이에 따라 2단, 3단으로 조절가능하다.
장점은 손잡는 것보다 도구로 잡아주기 때문에 송판이 밀리지 않고 정확한 격파를
시연할 수 있게 도와준다.

1) 양손 파지법

바탕손을 송판 끝에 대고 손가락을 가볍게 말아 쥔다. 이때 손가락은 최대한 접어 쥐어 격파 공간을 넓게 해준다. 송판은 손목 사이에 걸어주어 버팀목 역할을 할 수 있도록 하여 격파 시 움직임을 최소화시킨다.

일반적으로 격파물은 두 손으로 잡으며 팔은 약간 앞으로 내밀어 곧게 펴서 격파가 이루어지는 순간 격파물이 움직이지 않도록 단단히 고정하는 역할을 한다. 격파 기술이나 방향, 높이, 각도에 따라 잡는 위치와 방법이 달라진다.

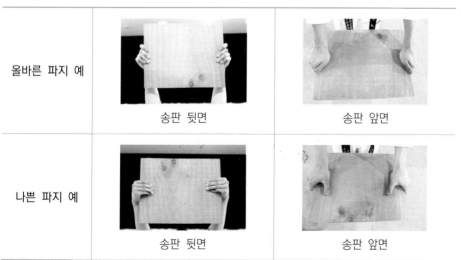

올바른 파지 예	송판 뒷면	송판 앞면
나쁜 파지 예	송판 뒷면	송판 앞면

2) 한 손 파지법

바탕손을 송판 끝에 대고 손가락으로 송판을 잡는다. 송판은 손목 사이에 걸어주어 버팀목 역할을 할 수 있도록 하여 격파 시 움직임을 최소화시킨다. 발이나 주먹의 각도에 따라 송판의 각은 변화되어야 한다.

(2-1) 위로 잡기

위로 잡기

한 손으로 잡기는 주로 빠른 속도로 이루어지는 기술 격파나 한 손으로밖에 격파물을 잡을 수 없는 경우, 예를 들면 나래차기와 같은 동작 또는 탑 위에서 보조하는 경우 격파물과 탑과의 거리 유지를 위해 보조자가 격파물을 최대한 탑과 멀리 잡기 위해 두 손을 쓰기 곤란한 경우에 격파물을 한 손으로 잡을 수 있다. 단, 두 손으로 잡기보다 격파물에 대한 고정력이 떨어지므로 보조자의 주의가 요구된다.

바깥 면

안쪽 면

(2-2) 아래로 잡기

아래로 잡기

아래로 잡기는 주로 격파자가 격파물보다 낮은 위치로부터 격파하며 격파물의 아랫부분으로 격파 부위가 지나가 두 손으로 잡기 곤란한 경우에 실행한다. 예를 들면, 도움닫기 후 도약하여 가슴 딛고 공중회전 발차기의 경우 격파물의 아랫부분으로부터 격파가 이루어지는 경우 격파물을 아래로 잡을 수 있다.

바깥 면

안쪽 면

3) 두 손 파지법

두 손을 모아 송판을 잡는다. 격파물이 닿는 방향의 손을 안쪽으로 들어가도록 잡고 반대손이 바깥쪽을 잡도록 한다. 일반적으로 격파물은 두 손으로 잡으며 팔은 약간 앞으로 내밀어 곧게 펴서 격파가 이루어지는 순간 격파물이 움직이지 않도록 단단히 고정하는 역할을 한다. 격파 기술이나 방향, 높이, 각도에 따라 잡는 위치와 방법이 달라진다.

팔이 굽혀지지 않도록 주의한다. 팔이 굽혀져 있으면 격파 시 완충작용으로 인하여 정확한 힘의 전달이 어렵다.

바깥 면   안쪽 면

4) 앞차기 파지법

양손 파지법을 사용한다. 차는 높이에 따라 높이를 조절할 수 있다. 또한, 더 높은 위치를 잡을 때는 의자나 보조자를 이용할 수 있다.

5) 돌려차기 파지법

양손 파지법을 사용한다. 차는 높이에 따라 높이를 조절할 수 있다. 또한 더 높은 위치를 잡을 때는 의자나 보조자를 이용할 수 있다.

6) 내려차기 파지법

양손 파지법을 사용한다. 송판이 지면과 수직에서 정면을 향하여 30° 틀어주어 타격이 원활하게 해준다.

7) 뒤차기, 옆차기 파지법

  양손 파지법을 사용한다. 송판이 지면과 수직이 되도록 한다. 격파자의 능력에 따라 높이를 조절한다.

8) 뒤 후려차기 파지법

  양손 파지법을 사용한다. 송판이 지면과 수직에서 약 15° 각을 틀어잡아준다. 또한 더 높은 위치를 잡을 때는 의자나 보조자를 이용할 수 있다.

02 격파의 기본 구성

격파를 보다 효과적으로 할 수 있으며 격파자를 돋보이게 할 수 있는 보조자의 위치와 기본 구성 모형이다. 여러 형태를 보조자에 맞추어 변형하여 구성할 수 있다.

1) 뛰어 앞차기 기본 구성

보조자는 허리를 굽히는 것이 아니라 다리를 벌려 자세를 낮추어 보는 시각이 격파물을 높게 보이게 만들어준다.	몸을 밟고 서 있는 보조자는 양쪽에 지지해주는 보조자의 승모근 쪽을 밟아준다.

2) 한 사람 뛰어 옆차기 기본 구성[18]

도약하여 한 사람 뛰어넘어 옆차기를 연결하여 격파하는 기술이다. 높이 강한 타격을 잡아줄 수 있는 구성으로 볼 수 있다.

point!

송판이 옆차기에 밀리지 않도록 팔을 구부리지 않고 앞으로 펴 잡는다.

---

18) 멀리 뛰어 옆차기 기본 구성도 이와 마찬가지로 긴 장애물을 넘는 기본 구성으로 나눌 수 있다. 도약의 빠른 지면 반력을 이용해 뛰어 긴 장애물을 뛰어넘어 옆차기로 격파하는 기본 구성이다. 격파자의 능력에 따라 장애물의 길이를 조정하여 상해를 미리 예방한다.

3) 장애물 낙법 기본 구성

사람 뛰어넘고 주먹 격파를 하면서 낙법으로 이어진다.

point!

머리를 옆으로 젖혀 격파자가 뛰어넘을 수 있는 공간을 확보해준다. 단계별로 느리게, 천천히, 빠르게 시작해 상해를 예방한다.

4) 앞차기 3방 기본 구성

　　보조자가 격파자의 진행 방향에 불편함이 없도록 보조자는 다리나 팔이 걸리지 않도록 한다.

point!

　　두 번째 보조자와 세 번째 보조자는 송판의 파편이 튀어 올 것을 항시 대비하여 격파자가 위치를 선정하고 난 후 격파물의 위치는 움직이지 않고 최대한 팔 쪽으로 얼굴을 가리도록 한다.
　　보조자의 앞굽이 높낮이에 따라 격파물이 높아보이는 시각적 차이가 생긴다. 최대한 낮추어 격파물을 잡아준다.

5) 돌려차기 3방 기본 구성

　　보조자가 격파자의 진행 방향에 불편함이 없도록 보조자는 옆으로 골반을 틀어잡아주며 파편이 보조자의 얼굴에 튀지 않도록 팔 사이에 얼굴을 감추도록 한다.

point!

보조자는 송판의 파편이 튀어 올 것을 항시 대비하여 격파자가 위치를 선정하고 난
후 격파물의 위치는 움직이지 않고 최대한 팔 쪽으로 얼굴을 가리도록 한다.
보조자의 앞굽이 높낮이에 따라 격파물이 높아보이는 시각적 차이가 생긴다. 최대
한 낮추어 격파물을 잡아준다.

6) 옆차기 3방 기본 구성

　　보조자가 격파자의 진행 방향에 불편함이 없도록 보조자는 옆으로 골반을 틀어잡아주며 파편이 보조자의 얼굴에 튀지 않도록 팔 사이에 얼굴을 감추도록 한다.

point!

송판이 옆차기에 밀리지 않도록 팔을 구부리지 않고 앞으로 펴 잡는다.
보조자의 앞굽이 높낮이에 따라 격파물이 높아보이는 시각적 차이가 생긴다. 최대한 낮추어 격파물을 잡아준다.

7) 가위차기 3방 기본 구성

가위차고 돌려차기 기본 구성이다. 파편이 보조자의 얼굴에 튀지 않도록 팔 사이에 얼굴을 감추도록 한다.

point!

격파자의 다리 길이와 유연성에 따라 가위차기 보폭을 정한다. 격파자가 원하는 위치에 격파물이 고정되면 팔 쪽으로 고개를 숙여 파편이 튀어 다치는 상해를 예방한다. 보조자의 앞굽이 높낮이에 따라 격파물이 높아보이는 시각적 차이가 생긴다. 최대한 낮추어 격파물을 잡아준다.

8) 등 밟고 높이 뛰어차기 보조자의 구성

등을 이용하여 밟고 뛰어올라갈 수 있는 보조자의 구성이다. 엎드려있는 보조자의 등을 밟고 높은 곳에 있는 격파물 격파 시 사용된다.

9) 일렬 스피드 격파 구성

여러 가지 격파 방법을 혼합하여 구성한다. 일렬로 구성된 격파물을 빠른 스피드로 격파 시 사용한다.

03 격파의 종류

격파의 종류는 위력 격파, 기술 격파로 나눌 수 있다. 위력 격파는 손 부위의 주먹, 손날, 팔굽 등을 이용한 격파와 앞축, 뒤축 등을 이용한 격파가 있다. 기술 격파는 체공 격파, 회전 격파, 복합기술 격파로 분류할 수 있다. 체공 격파는 높게 뛰어올라 격파하는 높이 격파와 도움닫기를 이용하여 멀리 뛰어넘는 격파가 있다. 회전 격파는 쉽게 말해 가로, 세로의 회전축을 이용하여 돌아 격파하는 기술을 말한다. 복합기술 격파는 여러 방향에서 나오는 타격목표를 격파하는 다방향 격파나 일렬 스피드 격파 등 혼합되어 만들어진 격파를 말한다.

1) 위력 격파

위력 격파는 신체 부위를 사용하여 가장 큰 힘을 발휘할 수 있는 곳을 단련하여 격파하는 것을 말한다.

위력 격파는 주먹, 손날, 앞축, 뒤축 등과 같은 단련된 손과 발 등의 관절 부위 끝단을 이용하여 비교적 낮은 자세에서 힘과 기를 집중하여 타격하며, 태권도의 위력적인 모습을 보여준다. 위력 격파는 전반적으로 태권도 기술의 발전이 답보상태에 있었던 초창기 시범에서, 강력한 힘과 파괴력을 실증하기 위한 수단, 즉 태권도의 효용성, 실용성을 강조하기 위하여 수행되었다. 그러나 태권도 기술이 발전되고 체계화되면서 현대화된 기술 격파의 발전과 함께 쇠퇴하였다. 태권도의 무도적 가치가 재평가되기 시작되며, 1992년 태권도 한마당에서 위력 격파 부분이 경연종목으로 채택되어 시행되고, 2003년 남북한 태권도 시범의 교류가 이루어지면서 위력 격파에 대한 중요성이 강조되었다. 2009년 격파왕 대회가 생겨나면서 위력 격파의 저변 확대의 계기가 되었다.

앞차기, 돌려차기, 내려차기, 뒤차기, 뒤후려차기, 돌개차기 등의 기본 발차기를 이용한 위력으로 시범자의 집중력과 기술, 그리고 힘을 표현하는 위력 발차기를 말한다.

① 손 위력 격파 사용부위

주먹, 손날, 등주먹, 손날 등, 손끝, 팔굽 등의 손동작을 이용한 위력 시범으로 시범자의 숙련도와 집중력, 힘을 표현하는 위력 격파가 있다. 손 위력의 대표적 위력 격파는 주먹과 손날 격파가 있다.

② 발 위력 격파 사용부위

앞축, 뒤축, 발날을 이용한 위력 격파가 있다. 앞차기, 돌려차기, 내려차기, 뒤차기, 뒤 후려차기, 돌개차기 등의 기본 발차기를 이용한 위력으로 시범자의 집중력과 기술, 그리고 힘을 표현하는 위력 발차기를 말한다. 태권도에서 가장 큰 힘을 발휘할 수 있는 것이 뒤축을 이용한 뒤차기 위력 격파이다.

2) 기술 격파

기술 격파란 태권도가 가지고 있는 여러 가지 기술들을 응용하고 활용하여 보여주는 격파 기술로 도약 격파와 정밀 격파로 구분할 수 있다. 도약 격파는 신체를 공중으로 도약하여 얻는 체공 시간을 이용하여 멀리차기, 높이차기 그리고 손과 발을 동시에 사용하며 여러 차례 연속하여 타격하는 형식의 기술이다. 정밀 격파는 사람이나 인공의 장애물을 이용하여 몸을 공중으로 도약하여 방향을 전환하거나, 몸을 회전하여 멀리 있거나 높은 위치에 있는 목표물을 타격하고, 눈을 가린 상태에서 머리 위나 칼끝에 있는 사과와 같은 작은 목표물을 청각과 같은 감각만을 이용하여 격파하는 형식의 시범 기술이다.

① 체공 격파

체공 격파란 일정한 거리를 두고 뛰어올라 공중에서 손과 발을 이용하여 격파하는 기술을 말한다. 위 기술은 크게 높이 격파, 멀리 격파, 체공다단 격파로 분류할 수 있다.

(1) 높이 격파

(1-A) 높이 격파

한번 도약하여 높이 있는 격파물을 격파하는 기술

예	뛰어 앞차기, 양발 뛰어 앞차기, 모둠발 앞차기

(1-B) 장애물 이용 격파

2~3m 이상의 높은 격파물을 격파하는 시범으로, 장애물을 밟고 점프하여 격파하는 시범 발차기를 말한다.

예	가슴·등 밟고 뛰어 앞차기 1단계, 2단계, 3단계, 장애물 딛고 뛰어 돌려차기

(2) 멀리 격파

장애물을 뛰어넘어 멀리있는 격파물을 격파하는 기술로 일정한 거리를 두고 빠르게 도약하여 뛰어 표적을 맞춘다.

> **예**   뛰어 옆차기, 뛰어 주먹 지르고 낙법

(3) 체공다단 격파

체공에서 손 또는 발의 협응력으로 격파하는 기술

> **예**   가위차기 2단계, 3단계, 4단계, 5단계, 돌려차기 3단계,
> 옆차기 3단계, 고공 4단계

② **회전 격파**

회전 격파란 체공에서 회전하여 격파하는 방법을 말한다. 회전하는 방법에는 2가지 형태의 기술 격파로 나뉜다. 회전의 방법은 수직축(세로) 회전과 수평축 회전의 기술로 분류할 수 있다.

(1) 수직축(세로축) 회전 격파

한번 도약으로 회전하면서 뒤 후려차기 또는 돌개차기로 격파를 한다.
수직축으로 회전하여 격파하는 방법

> **예**   돌개차기, 10회 뒤 후려차기, 540° 뒤 후려차기 1단계,
> 2단계, 3단계, 900° 뒤 후려차기

(2) 수평축(가로축) 회전 격파

뛰어 몸을 돌아넘어 체공에서 격파한다. 수평축을 이용하여 돌아 격파하는
방법

> **예** 공중회전 격파, 공중역회전 격파, 뛰어 돌아넘어 2단 차기 격파, 투척물 공중
> 회전 격파, 장애물 딛고 공중회전 양발 격파, 몸 딛고 공중회전 발차기

③ **복합기술 격파**

다양한 태권도 기술(손, 발)을 이용하여 빠른 속도로 연결하여 격파하는 기
술을 말한다.

> **예** 일렬 여성 격파, 일렬 스피드 격파(일렬 대형으로 보조자가 격파물을 잡고 격
> 파자가 일렬로 나가면서 격파하는 방법), 방향 격파(여러 방향에서 들어오는
> 격파 물을 손기술과 발기술을 이용하여 격파)하는 방법

태권도
위력 격파

위력 격파 단련방법

단련이란 언어학상으로 두드리다, 익히다, 때리다, 숙련하다의 의미로 몸과 마음을 닦아 익숙하게 한다는 뜻을 지니고 있다. 신체를 단단하고 강하게 하기 위한 수단은 여러 가지가 있겠으나 몸을 단련한다고 하면 강인한 정신력을 바탕으로 신체에 부하량을 높여가며 반복 수련을 했을 때 그에 상응하는 신체 발달, 즉 근조직, 신경조직, 신체 기능이 발달한다.

예를 들어 신체 부위의 하나인 손을 단련한다면 그 부위를 단련대나 혹은 다른 기구 등을 이용하여 수백 번, 수천 번을 반복 훈련함으로써 강한 손이 만들어지는 것이다. 이처럼 많은 수련과정을 통하여 강인한 정신력과 강인한 신체를 유지함으로써 주체적이고 적극적인 삶을 갖게 된다.

손과 발을 단련하여 힘과 파괴력을 실증하기 위한 수단, 즉 태권도의 효용성, 실용성을 강조하는 방법과 자기의 수련을 평가하는 방법 2가지 형태로 나눌 수 있으며 실증과 평가를 위한 방법으로 격파물을 이용한 격파 방법이 있다.

point!

위력 격파는 많은 시간의 수련이 필요하다. 마음만 앞서 능력에 맞지 않는 위력 격파를 할 경우 큰 상해를 입을 수 있으므로 각별한 주의가 필요하다.

1) 주먹 쥐고 팔굽혀 펴기

이 단련은 평상시 도장이나 집 안에서 손쉽게 단련할 수 있는 주먹 단련법이다. 주먹(정권)을 어깨너비(그 이상)로 하고 엎드려 팔굽혀 펴기를 점진적으로 횟수를 늘려가도록 한다. 횟수와 속도가 늘어나고 빨르게 되면 그만큼 운동량도 많아지고 단련도 높아진다. 또한 앉아서 양 주먹을 대퇴상부(넓적다리 상부) 옆 바닥에 놓고 전신을 위로 뜨게 하여 시간을 늘려가면 좋은 단련법이 된다.

2) 손날 단련(마주 보고)

상대방과 마주 서서 같이 서로 손날을 교차시켜 단련하는 방법이다. 처음에는 서서히 동작의 방향과 선을 그리며 하다가 점진적으로 힘을 실어 손날을 단련시키는 방법이다.

3) 단련기구를 사용하는 단련법

단련기구는 단련대, 단련통, 단련줄, 단련봉 등이 있다.

4) 정권주먹 단련

주먹을 정면으로 보았을 때 인지와 중지의 돌출 부위를 정권주먹이라 한다. 단련대를 지면에 놓고, 수직으로 주먹 지르는 방법과 단련대를 지상에 세워놓고 주춤 서기 또는 앞굽이 자세에서 수평으로 지르는 방법이 있다.

point!

정권주먹 지르기 할 때는 몸의 회전이 중요하다. 팔의 힘으로 지르는 연습방식이 아니라 몸의 틀림을 통한 정권 지르기 연습이 이어지도록 연습해야 한다.

5) 손날 단련

단련대에 내려치는 각도가 90° 정도가 되면서 수직으로 내려친다. 타격점이 정확해야 하며, 단련대를 통과한다는 일념으로 거리를 조절하여 타격한다. 타격 시 팔꿈치가 펴지지 않도록 한다. 단련대를 세워놓고 앞굽이 자세에서 수평으로 손날을 단련하는 방법과 앉은 자세에서 단련대를 내려치는 방법이 있다.

point!

팔의 무게를 통해 상체와 어깨를 잡아주어 내려치는 각도와 힘의 전달을 느끼도록 연습한다.

6) 앞축 앞차기 단련

앞축은 엄지발가락에 힘을 주어 위로 젖히면 자연히 앞축에 힘이 간다. 앞축의 단련은 평상시 도장 마룻바닥에서 연습하거나 60° 정도로 세운 고정식 고무판 단련대와 기둥식 단련대를 만들어 단련한다.

point!

앞축으로 타격할 수 있는 발 모형을 만드는 것이 중요하다. 자기 신체 근력의 힘을 인지하고 타격할 수 있어야 한다. 단련대에 힘을 적정하게 줄 수 있어야 무릎이나 발목관절에 상해를 예방할 수 있다.

7) 발날 옆차기 단련

발날은 옆차기 시 이용되는 위력적 격파에 사용된다. 초보 단계로 옆으로 누워 발날의 자세를 만드는 것이 중요하며 발날의 자세는 허리와 어깨, 뒤축이 일직선의 방향으로 찰 수 있어야 강한 힘을 낼 수 있다. 발날의 단련은 평상시 도장에서 양발의 발날 부분을 번갈아 샌드백을 차는 방법이 있으며 어느 정도 숙달이 되었을 때 기둥식 단련대를 이용하여 단련하여야 한다.

point!

발날 또는 뒤축을 단련시키는 방법으로 무릎을 접어 펴는 연습이 중요하다. 찰 때 허리를 집어넣어 발날과 뒤축을 단련시킨다. 실제 격파에서는 뒤축으로 격파해야 파괴력이 있으므로 뒤축으로 연습한다.

8) 뒤축 뒤차기 단련

뒤축은 뒤꿈치 부분을 말하며 뒤차기 등에 사용되는 가장 위력적인 발차기 기술이다. 초보 단계로 앞으로 손대고 엎드려 뒤차기 자세를 만드는 것이 중요하다. 뒤차기 자세는 뒤축과 허리, 어깨가 일직선의 형태의 방향으로 찰 수 있어야 강한 힘을 낼 수 있다. 단련대는 일반적으로 샌드백을 사용한다. 어느 정도 샌드백을 차서 적응한 후 단련대를 이용하여 타격 연습을 해야 한다.

point!

발날 또는 뒤축을 단련시키는 방법으로 무릎을 접어 펴는 연습이 중요하다. 찰 때 허리를 집어넣어 발날과 뒤축을 단련시킨다.
자기 신체 근력의 힘을 인지하고 타격할 수 있어야 한다. 단련대에 힘을 적정하게 줄 수 있어야 무릎이나 발목관절 골반 등에 상해를 예방할 수 있다.

02 위력 격파의 격파물 고르기

부피와 밀도를 생각하고 격파물을 고르는 것은 과학적 원리를 통해 격파물을 고르는 것이다. 같은 부피지만 밀도가 높아 속이 꽉 찬 것과 밀도가 약해 속이 비어있는 격파물은 격파에서 위력적인 면을 극대화시킬 수 있어서 효과적인 방법으로 쓰일 수 있다. 이는 남을 속이는 것이 아니라 자신이 수련한 기술과 힘을 여러 격파물을 통하여 파괴력을 선보일 수 있다.

격파물을 고르기 위해서는 부피와 밀도에 성분을 정확하게 구분하여 격파물을 선정하여야 한다. 흔히 격파물에 송판이나 대리석을 많이 사용한다. 대리석은 밀도가 강해 두께와 길이에 따라 강도는 완전히 다를 수 있다. 밀도가 높아 격파하기 어렵지만, 두께와 길이를 통해 단련된 부위로 격파를 가능하게 할 수 있다. 대리석 사이사이에 딱딱한 구조물을 넣어 격파 공간을 확보하여 격파하는 과학적 원리가 있으므로 격파물에 대한 성분을 정확하게 알고 선정하여야 한다.

인장력(tension)은 물체를 늘어뜨리는 힘이다. 압축력(compression)은 물체에 압력을 주는 또는 물체를 찌그러뜨리는 힘이라고 말할 수 있다.

어떤 물체가 당겨질 때 물체가 인장력 혹은 장력을 받는다고 말한다. 물체가 눌린다면 압축력을 받는다고 말한다. 압축력은 물체를 짧고 통통하게, 장력은 물체를 길고 가늘게 만든다. 그러나 물체가 매우 단단한 경우에는 늘어나거나 줄어드는 정도가 매우 작아 쉽게 눈에 띄지 않는다. 굵은 막대나 송판을 수평으로 양 끝을 받쳐놓고 내리치면 아래쪽은 장력을 받고 위쪽은 압축력을 받는다. 이 힘으로 아래쪽부터 터지면서 부러져나간다. 직사각형의 얼음처럼 길고 단단한 물체를 수평으로 놓고 양 끝을 받쳐놓는다면 이 물체는 자체하중 때문에 이미 장력과 압축력을 모두 받아 스트레스가 쌓이는 상태가 된다. 이때 주먹이나 손날로 내리치는 힘이 더하면 아래쪽부터 인장력에 의해 늘어남을 견디지 못하

고 아래쪽 면부터 부서져내리게 된다.[19]

　대부분 위력 격파 속에서 속이 꽉 차고 길고 무거운 블록이나 얼음, 대리석 등을 격파에 사용하는 이유는 압축력엔 강하지만 인장력은 약한 특성이 있기 때문이다. 속이 꽉 차 있으므로 무거운 데다 길이의 비율이 길어질 때 자체하중에 의해 중간이 휘어지려는 장력이 높게 작용하게 된다. 그렇기 때문에 두꺼운 얼음판도 두께에 비해 폭은 좁게, 길이는 길게 만들어주면 쉽게 깨지게 된다.[20]

　송판도 마찬가지 결에 따라 격파의 방향이 달라진다. 두꺼운 송판이라도 결을 통한 격파의 강도는 확연히 차이가 날 수 있으므로 격파물을 고를 때는 신중함과 관찰력이 필요하다. 실제 격파할 때도 마찬가지로 격파의 결에 따라 각도와 형태의 위치를 선정하여 격파를 쉽게 할 수 있다.

　격파물 고를 때는 다음과 같은 절차를 따른다.

격파물 고르기

첫째, 모양과 크기는 비슷하지만, 밀도와 재질이 어떻게 되어있는지 파악한다.
둘째, 인장력이 약한 격파물을 선택한다.
셋째, 크기와 두께 선택은 타격했을 때 반작용의 압력을 소화할 수 있는 격파자의 기술과 힘이 어느 정도인지를 파악하여 격파물을 선택한다.

격파물 사이의 공간

　격파물 사이의 공간이 있는 것과 없는 것은 큰 차이가 있다. 공간이 없으면 그만큼 길이에 비하여 격파물이 합쳐지기 때문에 두께가 두껍게 되어 장력이 약해져 격파는 그만큼 어려움이 따른다.

　격파물 사이의 공간을 통하여 장력을 높여주고 순차적인 하중과 힘을 통해 격파가 쉽다.

---

19) 이정규(2012). 태권도의 과학.
20) 위의 책.

03 위력 격파 방법

 손, 팔꿈치 또는 발로 격파하기 전 표피와 뼈의 구조는 꾸준한 연습을 통해 단련
되어야 한다. 이러한 장시간에 걸쳐 단련되었을 때 격파가 이루어지도록 한다.
위력 격파는 단련되지 않은 상태에서는 큰 상해의 부상을 얻을 수 있다.

1) 손날 격파

힘을 뺀 상태에서 팔꿈치와 어깨를 강하게 잡아주어 내려칠 때 팔꿈치가 몸
에서 가까이 수직으로 체중을 실어 순간적으로 빠르게 손날로 내려친다.

어깨에 힘을 빼고 던지는 연습을 충분히 하도록 한다. 힘을 던진다는 연습은
내가 가지고 있는 힘을 손날로 실어 파괴력을 극대화시킬 수 있다.

어깨의 던지는 연습의 다음 단계는 허리와 팔굽의 자연스러운 연결이 중요
하다. 허리의 뒤틀림을 이용하여 팔굽을 내려 강한 힘을 낼 수 있다.

내려칠 때 허리를 틀며 상체의 전환이 자연스럽게 이루어져야 한다.
팔굽이 위로 올렸다 내려올 때 몸에서 떨어지지 않게 한다. 팔굽이 멀어질수록 큰
힘을 낼 수 없다.

2) 주먹 격파

힘을 뺀 상태에서 팔꿈치와 어깨를 강하게 일직선으로 잡아주고 측면을 향한 상체를 재빨리 수직으로 전환하여 순간적으로 체중의 무게를 주먹에 실어 빠르게 주먹 지르기를 한다.

3) 팔굽 격파

팔꿈치을 이용한 치기를 말하는데 팔굽을 돌려칠 때 허리를 이용한 힘의 전달이 되어야 한다.

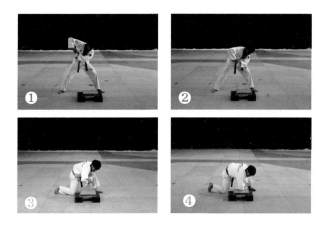

point!

주먹이나 손날 부위보다는 쉽게 격파할 수 있는 장점이 있다. 또한 팔꿈치 격파는 단련되지 않은 상태에서도 팔꿈치의 강한 뼈로 격파할 수 있다.
그러나 무리한 격파물 선택은 상해를 입을 수 있으므로 주의하여야 한다.

4) 앞차기 격파

보조자가 잡은 표적을 바라본 후 무릎을 가슴 쪽으로 끌어 올려 몸의 중심을 앞으로 이동하며 앞축으로 찬 후에 무릎을 접어서 내려놓는다. 허리를 곧게 펴며, 발차기하는 쪽의 팔은 아래로 자연스럽게 내려주고 반대쪽의 팔은 몸을 보호하는 위치에 가볍게 놓아둔다.

point!

지면 반력을 이용해서 체중을 실어 앞으로 나가며 무릎을 접어 타격한다. 지면 반력을 통해 손을 반대로 내려주면서 골반의 틀림을 이용해 격파가 이루어지도록 한다.

5) 돌려차기 격파

    돌려차기 위력 격파는 우선으로 발등이 단련되어 있어야 한다. 발등의 뼈는 단단하여 얇은 송판의 경우 단련이 없이도 격파하는 데 문제가 없지만 두꺼운 송판이나 격파물을 격파하기 위해서는 표피와 뼈의 구조를 단련해야 한다. 또한, 격파할 힘이 있어야 한다.

    무릎을 앞을 향해 올리는 병진운동을 통해 순간적으로 지지 발과 골반의 틀림(각운동)을 통하여 강한 파괴력을 낼 수 있다.

    발끝 발가락 부위가 아니라 발등이 목표 표적에 맞도록 한다.

point!

앞발을 앞으로 살짝 밀며 지면 반력을 이용해서 체중을 실어 앞으로 나가며 무릎을 접어 앞으로 나가는 힘을 연결해 돌려차기한다. 이때 지지하는 발을 최대한 틀고 팔은 반대쪽으로 자연스럽게 잡아주어 뒤틀림을 이용한 차기의 힘을 극대화한다.

초보자는 샌드백을 이용하여 표피와 근력을 키우도록 한다. 단련을 통하여 발등의 표피가 두꺼워져 아프지 않을 때 강도를 높여 수련한다. 표피와 근력이 단련되었을 때는 딱딱한 단련대를 이용해 수련하는 것이 효과적인 연습방법이다.

정면에서의 돌려차기

측면에서의 돌려차기

6) 옆차기 격파

보조자가 잡은 표적을 바라본 후 무릎을 가슴 쪽으로 끌어 올리면서 골반과 무릎을 옆으로 접어주고 허리를 넣어주면서 발을 찬다.

point!

발날 및 뒤축으로 무릎의 각도를 최대한 접었다 허리를 펴면서 차준다.
지지하는 발의 축이 틀려야 강한 타격을 줄 수 있다.

7) 뒤차기 격파

태권도 격파에서 가장 큰 위력을 보이는 발차기로 인간의 생명을 위협할 수 있는 Power(힘)을 가진 발차기이다.

한 발의 도움닫기를 이용하여 추진력을 증가시켜 지면에 딛는 발의 뒤축을 격파의 위치의 방향에 향하도록 하고 시선을 먼저 돌리며 회전하여 무릎과 무릎을 스치듯 지나쳐 타격한다. 타격할 때 무릎을 접어 펴면서 타격하여 격파한다.

뒤차기 격파는 몸통의 회전력과 무릎을 굽혔다 펴면서 순간적 폭발적인 힘을 낼 수 있으며 무릎의 각속도가 얼마나 빠르냐에 따라 힘이 세진다.

지면 반력의 회전(각)속도를 통한 직선(병진)운동이 이어져 더 큰 힘을 줄 수 있다. 이는 회전과 직선을 얼마만큼 속도를 유지하면서 무릎을 얼마만큼 빠르게 굽혔다 펴느냐에 따라서 강한 파괴력을 얻을 수 있다. 이는 위력 뒤차기 격파의 핵심인 것이다.

point!

지지하는 발의 축을 먼저 틀고 회전력을 극대화시키고 어깨를 잡아 회전을 멈추게 하여 뒤차기의 직선 타격이 이루어지게 한다.

출처: SBS 스페셜(2011). 무림고수는 있는가? 필자의 위력 격파.

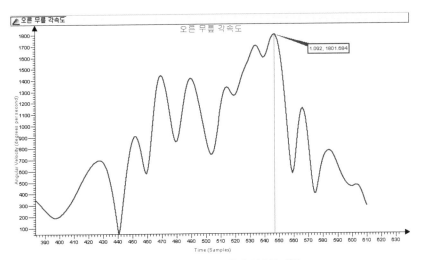

출처: 용인대학교(2011) 웰리스 연구센터. 오른 무릎의 각속도 최고

위 뒤차기 데이터의 무릎의 각속도는 1.800°/s가 나왔다. 1초에 약 5바퀴 정도 회전하는 각(회전)속도이다. 이 뒤차기의 노하우는 지면 반력을 통한 빠른 속도가 필요하며 강한 다리의 근육이 필수적인 것이다. 위력의 힘을 얻기 위해서는 기본적인 근력의 형성이 필요하며, 힘을 동반한 연결 기술력이 뒷받침되어야 하겠다.

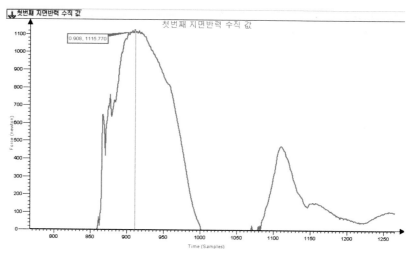

출처: 용인대학교(2011). 웰리스 연구센터. 지면 반력의 크기.

위 그래프는 수직 방향으로 발을 딛는 힘(지면 반력)의 크기를 보여주는 그래프이다. 지속해서 힘값이 측정되며 발 차는 동안 딛는 발의 지면 반력을 측정한 수직값이다. 중간에 값이 0으로 떨어진 부분은 발이 나가면서 지면에 몸을 살짝 띄우면서 차는 형태여서 측정값이 계산되지 않았다.

최대 지면 반력은 1116N 정도로 일반 성인 기준으로 체중의 약 1.5배[21] 전후이다. 뒤차기는 앞쪽으로 힘을 전달하는 것이 중요하기 때문에 지면 반력도 전후 방향의[22] 지면 반력을 함께 보는 것이 더 의미가 있을 것이다.

발이 지면을 떠나기 전에 지면을 밀어내는 힘이 측정되지 않았지만 지면 반력을 이용하여 체중을 끌어 차는 뒤차기의 기술력을 그래프를 통하여 알 수 있다.

---

21) 걷기 동작보다 약간 큰 값이다.
22) 전후의 지면 반력의 측정은 하지 않았다.

태권도
기술 격파

1. 체공 격파
2. 수직축 회전 격파
3. 수평축 회전 격파
4. 복합기술 격파

출처: 대한태권도협회(2015) 국가대표시범단 시범공연 사진

01 체공 격파

체공 격파는 체공에서 여러 표적을 손과 발을 이용하여 격파하는 기술을 말한다. 도움닫기를 통하여 고공 발기술 또는 손과 발의 협응 능력을 보여줄 수 있는 난도 높은 격파라 할 수 있다.

체공 격파란 일정한 거리를 두고 뛰어올라 공중에서 손과 발을 이용하여 격파하는 기술을 말한다. 위 기술은 크게 높이 격파, 멀리 격파, 체공다단 격파로 분류할 수 있다.

첫째, 높이 격파는 도약하여 높이 격파와 보조자의 몸을 딛고 차는 높이 격파 2가지로 나뉜다. 도약하여 높이 격파는 한번 도약하여 높이 있는 격파물을 격파하는 기술을 말하며, 장애물 이용하여 높이 격파는 2~5m 이상의 높은 격파물을 격파하는 시범으로, 장애물을 밟고 점프하여 격파하는 기술을 말한다.

둘째, 멀리 격파는 장애물을 뛰어넘어 멀리 있는 격파물을 격파하는 기술을 말한다. 일정한 거리를 두고 지면 반력을 이용하여 빠르게 도약하여 뛰어 표적을 맞춰 격파하는 기술을 말한다.

셋째, 체공다단 격파는 체공에서 손 또는 발의 협응력으로 격파하는 기술을 말한다.

1) 뛰어 앞차기 격파

도약하여 높이 있는 격파물을 한 발로 뛰어올라 공중에서 발을 교차하여 앞차기로 격파하는 기술이다. 차고자 하는 목표물을 향해 달려가 차고자 하는 발로 점프를 하면서 반대편 다리의 무릎을 최대한 높이 올리며 최고점에서 발을 교차하여 앞차기를 한다.

팔의 스윙과 함께 무릎을 최대한 끌어 올린다

point!

발 구름 시에 큰 지면 반력을 얻기 위해서는 다리의 반동 동작과 팔의 스윙 동작
(체공을 높이 하기 위한 팔의 동작)을 효과적으로 이용하여야 한다.
무릎과 무릎이 교차하여 발차기가 연결되도록 한다.

2) 모둠발 앞차기

두 발 모아 뛰어올라 앞차기 격파 기술은 하나의 목표물을 동시에 두 발로 가격하는 기술이다. 목표물을 향해 달려가 양발로 뛰어올라 발을 모은 상태로 무릎을 접는 동시에 앞차기 기술로 연결하여 찬다.

point!

점프할 때 팔을 위로 쳐올리는 동작과 동시에 지면을 차고 올라가는 리듬의 박자가 동시에 이루어져야 한다.

몸을 높이 띄우기 위해서는 보폭과 리듬이 필요하다. 앉았다 일어서며 손을 하늘에 올리는 동시에 내리면서 발의 연결을 통하여 위로 솟구치는 체공력을 갖도록 한다. 무릎을 최대한 접어 차고 앞축으로 착지하도록 한다.

3) 양발 앞차기 격파

　도약하여 두 발 모아 뛰어올라 양쪽의 송판을 격파하는 기술이다. 머리 위 양쪽에 있는 송판을 몸의 리듬을 주어 앉아 뛰어올라 무릎을 최대한 끌어 올려 양발을 벌려 앞차는 기술이다. 발 구름 시에 큰 지면 반력을 얻기 위해서는 다리의 반동 동작과 팔의 스윙 동작(체공을 높이 하기 위한 팔의 동작)을 효과적으로 이용하여야 한다.

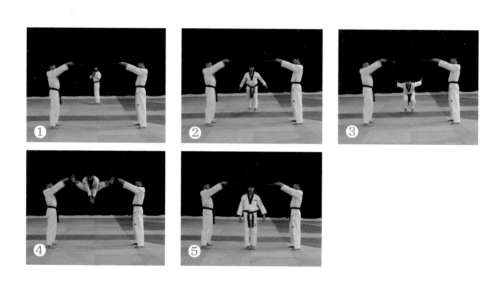

발 구름 시에 큰 지면 반력을 얻기 위해서는 다리의 반동 동작과 팔의 스윙 동작 (체공을 높이 하기 위한 팔의 동작)을 효과적으로 이용하여야 한다.

몸을 높이 띄우기 위해서는 보폭과 리듬의 박자가 필요하다. 앉았다 일어서며 손을 하늘에 올리는 동시에 내리면서 발의 연결을 통하여 위로 솟구치는 체공력을 갖도록 한다.

무릎을 최대한 접고 골반을 위로 올리려는 힘과 상체를 아래로 내리려는 힘이 적절히 조화될 때 강한 힘의 타격이 될 수 있다. 체공에서 중심을 잡고 좌우로 뻗어 찬 다음 발을 접어 앞축이 지면에 먼저 닿고 발목과 무릎을 통한 몸의 완충작용을 통해 안전한 착지가 되도록 한다.

4) 뛰어 앞차기 2방

　뛰어 앞차기 2방은 뛰어 앞차기의 응용 기술로 도움닫기를 통해 지면 반력의 추진력을 가지고 왼발로 땅을 디뎌 뛰어올라 목표물 2개의 표적을 차례로 발을 교차하여 타격하는 기술이다. 높은 체공력을 얻기 위해서 앞으로 달려가는 추진력을 이용해 체공에서 골반을 함께 움직여 동시에 어깨를 교차하며 발차기를 찬다.

　체공이 높지 않거나 중심이 뒤에 있으면 착지 시 상해를 입을 수 있으므로 점프하여 착지할 때 앞축을 이용하여 착지해야 하며 자기 체중을 지탱할 수 있는 근력이 있어야 한다.

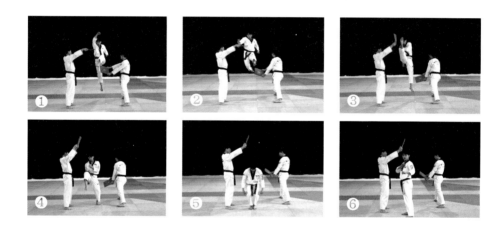

point!

　도움닫기를 통해 뛰어오르면서 첫 번째 목표 표적을 맞히고 체공에서 무릎을 최대한 끌어 올려 교차하여 두 번째 목표 표적을 맞힌다.
　체공에서 몸의 중심을 잡기 위해서는 단전에 힘을 주고 발을 교차하여 차는 동시에 상체를 뒤틀어 몸의 균형을 잡아주어야 한다.

5) 뛰어 앞차기 3방

뛰어 앞차기 3방은 앞차기의 응용 기술로 도움닫기를 통해 지면 반력의 추진력을 가지고 왼발로 땅을 디뎌 뛰어올라 목표물 3개의 표적을 차례로 발을 교차하여 타격하는 기술이다. 도움닫기를 통해 뛰어오르면서 첫 번째 목표 표적을 맞추고 체공에서 무릎을 최대한 끌어 올려 교차하여 두 번째와 세 번째 목표 표적을 맞춘다.

체공이 높지 않거나 중심이 뒤에 있으면 착지 시 상해를 입을 수 있으므로 점프하여 착지할 때 앞축을 이용하여 착지해야 하며 자기 체중을 지탱할 수 있는 근력이 있어야 한다.

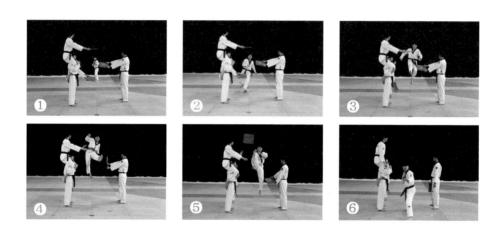

point!

높은 체공력을 얻기 위해서 앞으로 달려가는 추진력을 이용해 체공에서 허리(골반)를 함께 움직여 차는 동시에 어깨를 교차하며 발차기를 한다.
허공에서 무릎 교차연습과 체공을 만들어 차는 연습을 꾸준히 하도록 한다.
지면 반력을 이용하여 뛰어 찰 때 리듬의 박자를 가지고 목표물을 타격한다.[23]

6) 뛰어 돌려차기 격파

도약하여 높이 있는 격파물을 한 발로 뛰어올라 공중에서 발을 교차하여 돌려차기로 격파하는 기술이다.

뛰어 돌려차기 동작은 인체중심의 수직 상승 속도가 높아야 한다. 이를 위해서는 발 구름 시 강한 지면 반력이 요구된다.
발 구름의 효과적인 힘을 얻기 위해 다리의 반동과 팔의 스윙 움직임 동작 연결이 자연스럽게 이어져야 한다. 또한, 이 동작을 하기 위한 리듬의 박자가 중요하다고 볼 수 있다.

---

23) 1장 리듬 목록에 자세한 설명이 들어있어 다시 한 번 참고하길 바란다. 체공에서 격파는 리듬의 박자는 그만큼 중요하고 리듬은 얼마만큼 힘을 낼 수 있는가가 연결되어있기 때문이다. 사람마다 자기의 리듬 박자가 있어서 자신의 맞는 박자를 습득해 완벽한 동작이 나오도록 연습한다.

무릎을 최대한 끌어 올린 후
돌려차기 연결

지면 반력을 이용하여 무릎을 최대한 올린다. 이 동작은 격파 동작의 기본이며 여러 응용 격파에서 사용할 수 있기 때문에 필수적인 연습이 되어있어야 한다.
차고자 하는 목표물을 향해 달려가 차고자 하는 발로 점프를 하면서 반대편 다리의 무릎을 최대한 높이 올리며 최고점에서 발을 교차하여 돌려차기를 한다.
높은 체공력을 얻기 위해서 앞으로 달려가는 추진력을 이용해 체공에서 멈춘 듯 2초가량 무릎을 올렸다가 체공의 정점에서 허리(골반)을 함께 움직여 차는 동시에 어깨와 팔을 반대로 교차하며 발차기를 한다.

7) 뛰어 돌려차기 2방

　　뛰어 돌려차기 2방은 뛰어 돌려차기의 응용 기술로 도움닫기를 통해 지면 반력의 추진력을 가지고 왼발로 땅을 딛고 뛰어올라 목표물 2개의 표적을 차례로 발을 교차하여 타격하는 기술이다.

　　높은 체공력을 얻기 위해서 앞으로 달려가는 추진력을 이용해 체공에서 골반을 함께 움직여 동시에 어깨를 교차하며 발차기를 한다.

point!

지면 반력의 힘으로 땅을 디뎌 뛰어오름과 동시에 첫 번째 목표물을 차올라 체공을 유지해 두 번째 목표물을 비틀어 찬다.

몸의 뒤틀림 움직임을 이용하여 첫 번째 발을 차고 동시에 몸을 비틀어 허리 힘의 통한 타격이 연결되도록 한다.

체공이 높지 않거나 중심이 뒤에 있어 착지 시 상해를 입을 위험한 요소가 있으므로 점프하여 착지할 때 자기 체중을 지탱할 수 있는 근력이 있어야 한다.

8) 뛰어 돌려차기 3방

뛰어 돌려차기 3방은 뛰어 돌려차기의 응용 기술로 도움닫기를 통해 지면 반력의 추진력을 가지고 왼발로 땅을 딛고 뛰어올라 목표물 3개의 표적을 차례로 발을 교차하여 타격하는 기술이다. 높은 체공력을 얻기 위해서 앞으로 달려가는 추진력을 이용해 체공에서 골반을 함께 움직여 동시에 어깨를 교차하며 발차기를 한다.

뛰어 돌려차기 응용 기술로는 돌려차기 3방에서 5방까지 기술이 발전하였다.

point!

지면 반력의 힘으로 땅을 디뎌 뛰어오름과 동시에 첫 번째 목표물을 차올라가며 체공을 유지해 두 번째 목표물을 비틀어 차고 몸의 뒤틀림 움직임을 이용하여 마지막 목표물을 타격한다.

무릎을
교차하며
빗차기 격파

차면서 뛰어오른다

돌려차기 타격 시 리듬을 가지고 타격을 하여야 한다.

차는 리듬의 박자를 예를 들면 딴, 딴, 딴의 박자에 격파를 시도할 수 있으며, 따단~ 딴 등 앞에 있는 표적물 2개의 타격은 같은 리듬의 박자로 마지막 타격은 한 박자 느리게 가격하는 고공 기술 훈련방법이 있다. 이는 자기 신체에 맞는 자기만의 리듬을 만드는 것이 중요하다.

달릴 때 팔과 다리가 작용과 반작용의 흔들림으로 추진력을 갖듯이 지면 반력을 이용하여 무릎을 최대한 올려 교차하며 격파가 이루어지도록 한다.

체공이 높지 않거나 중심이 뒤에 있어 착지 시 상해[24]를 입을 위험한 요소가 있으므로 점프하여 착지할 때 자기 체중을 지탱할 수 있는 근력이 있어야 한다.

---

24) 돌려차기 3방에서 상해를 입은 경우를 필자는 가장 많이 보았다. 특히 무릎의 십자인대 부상이 가장 빈번하다. 특히 무릎, 발목 부상에 주의하여야 한다.

9) 뛰어 옆차기 격파 자유품새 규정종목

　도약하여 높이 있는 격파물을 한 발로 뛰어올라 공중에서 발을 모아 교차하여 옆차기로 격파하는 기술이다. 차고자 하는 목표물을 향해 달려가 앞으로 뛰며 골반을 틀어 옆차기로 변환시켜 격파하는 기술이다. 차고자 하는 반대 발로 점프를 하면서 무릎을 최대한 높이 올리며 최고점에서 발을 모았다 교차하여 옆차기 한다. 차는 반대 발을 접어주어 모양을 최대한 자연스럽고 이쁘게 만들어준다.

point!

가볍고 빠른 도움닫기를 통해 지면을 박차고 뛰어오를 때 무릎을 최대한 가슴 쪽 위를 끌어 올림과 동시에 반대 발을 접어 올린다.

체공 시 발을
접어준다

무릎을 끌어 올려
골반을 틀어준다

10) 뛰어 옆차기 3방

뛰어 옆차기의 응용 발차기로서 도움닫기의 추진력을 가지고 왼발로 땅을 디디면 반력의 힘으로 점프를 한 후 골반을 틀어 고정되어있는 목표물 3개를 오른발부터 차례로 옆차기 세 번을 차는 격파 기술이다.

허공에서 차는 연습을 하여 몸놀림의 움직임을 숙달시킨다. 처음에는 낮은 높이에서 시작하여 점진적으로 실제 격파의 높이로 기술을 향상시킬 수 있다.

옆차기 3방은 두 가지의 방법으로 연습할 수 있다. 계단처럼 밟고 올라가면서 격파하는 방법과 같은 높이로 체공을 유지해 격파하는 방법으로 구분할 수 있다.

옆차기 3방은 두 가지의 방법으로 연습할 수 있다.

첫 번째 방법은 도움닫기를 통한 지면 반력의 힘으로 상체를 세워주고 무릎을 상체 쪽으로 모아 목표를 밟는다는 느낌으로 차고 마지막 세 번째 발차기는 어깨와 허리를 틀어 힘을 증가시킨다.

두 번째 방법은 옆차기는 첫 단계 1번을 찰 때부터 옆차기처럼 몸이 돌아가서 마지막 3번까지 그대로 유지한다. 첫 번째 격파물이 낮으면 높은 체공의 격파가 어렵다. 1번과 3번의 격파물 높이가 거의 비슷해야 높은 체공의 옆차기를 할 수 있다. 도약하는 힘을 그대로 살려서 멀리 뛰어나가면서 차는 격파 기술이다.

발날과 뒤꿈치를 이용하여 가격하여야 완파하기 쉽다.

도움닫기를 최대한 빠르게 하여 높은 체공을 유지하도록 한다. 이때 앞으로 뛰다가 옆차기로 전환하는 자세가 중요하다. 앞으로 뛰어가 골반을 최대한 틀어 가속도를 유지시켜 옆차기 3방의 격파 기술을 습득하여야 한다.

11) 뛰어 옆차고 주먹

체공 시에 옆차기를 먼저 차주고 동시에 하는 것처럼 바로 이어 주먹 지르기를 한다. 좌우의 격파물의 위치를 확인하고 몸을 가볍게 하여 위로 뛰어 격파한다.

point!

가볍고 빠른 도움닫기를 통해 지면을 박차고 뛰어올라 옆차기와 주먹 타격거리를 유지하고 동시에 옆차기를 차며 허리 틀어 주먹 지르기를 한다.

12) 가위차기

 빗차기와 옆차기를 동시에 하는 발차기를 가위차기라고 한다. 가위의 모양을 닮아서 가위차기라고 하는데 자기 신체의 발 길이와 각도를 먼저 인지하고 격파물의 위치에 따라 가위차기를 시도한다. 옆차기의 각도는 쉬우나 대부분 빗차기의 성공률이 떨어지므로 빗차기의 내각의 위치와 격파물의 거리를 먼저 확인하고 체공 시 근접 거리에서 차기를 시도한다.

point!

도움닫기를 통해 지면을 뛰어올라 골반을 틀어 무릎을 최대한 가슴 쪽 옆으로 끌어올려 가위차기를 찬다.

13) 가위차기 3방

가위차기를 하고 난 다음 바로 옆차기한 발을 접어 돌려차기로 이어주어야 한다. 먼저 가위차기 시 높이 뛰어올라 체공 상태를 유지한 후 옆차고 돌려차기 전환을 빠르게 연결해줘야 동작의 아름다움과 파괴력을 동시에 추구할 수 있다. 손과 발을 이용한 가위 4~5방의 응용 동작을 만들 수 있다.

point!

가벼운 리듬감을 가지고 도움닫기를 통해 지면을 뛰어올라 골반을 틀어 무릎을 최대한 가슴 쪽 옆으로 끌어 올려 가위차기를 찬다. 이때 옆차기한 발은 바로 접어 다시 돌려차기로 이어주어야 한다. 높은 체공을 만드는 것이 무엇보다 중요하다. 체공이 높을수록 좀 더 시간적 여유가 있어 바른 동작을 취할 수 있다.

14) 가위차기 5방

가위차기의 응용 기술로 체공에서 손과 발의 협응 능력을 최대한 발휘하여 격파하는 동작이다.

목표물을 향해 달려가 앞차기로 격파물을 차면서 뛰어올라 상체를 세우고 팔을 위로 띄워주는 스윙 동작을 통해 높은 체공에서 중심을 잡는다. 체공 시 무릎을 상체 쪽으로 모아 가위차고 돌려차기 전환을 빠르게 연결하는 동시에 주먹 지르기가 이어지도록 한다.

point!

가벼운 리듬감을 가지고 도움닫기를 통해 지면을 뛰어올라 골반을 틀어 무릎을 최대한 가슴 쪽 옆으로 끌어 올려 가위차기를 찬다. 이때 옆차기한 발은 바로 접어 다시 돌려차기로 이어줌과 동시에 주먹 연결이 되도록 한다. 돌려차기 시 상체는 반대로 뒤틀어 어깨를 잡아주는 동시에 주먹은 자연스럽게 뒤로 젖혔다 지르기를 한다. 체공 시 상체와 골반을 이용하여 리듬감을 살려 힘이 실리도록 한다.

15) 가슴딛고 앞차기

차는 발로 가슴을 딛고 공중으로 뛰어올라 반대 발 무릎을 최대한 끌어 올려 교차하며 앞으로 나아가 공중에서 앞차기를 연결하고 안전한 착지가 되도록 한다.

point!

보조자와의 호흡이 무엇보다 중요하다. 보조자와 호흡을 잘 맞추어 딛고 띄워주는 동작을 효율적으로 사용한다.

가슴을 딛을 때 보조자는 하체를 일어서면서 팔을 위로 최대한 끌어 올려 격파자의 몸이 높이 올라갈 수 있도록 한다.

무릎을 최대한 가슴 쪽으로 끌어 올려 최고점에 올라갔을 때 무릎을 교차하면서 앞차기를 한다.

16) 가슴딛고 돌려차기

차는 발로 가슴을 딛고 동시에 격파물 방향으로 뛰어올라 상체를 세우고 반대 다리 무릎을 가슴으로 끌어 올려 중심을 잡아 날아가는 형태를 만들어 공중에서 돌려차고 안전한 착지가 되도록 한다.

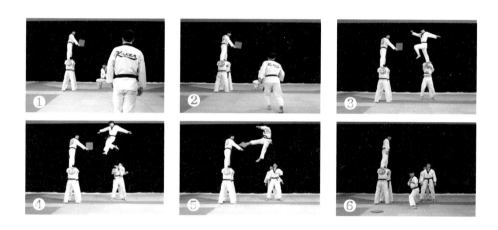

point!

보조자와의 호흡이 무엇보다 중요하다. 보조자와 호흡을 잘 맞추어 딛고 띄워주는 동작을 효율적으로 사용한다.

가슴을 딛을 때 보조자는 하체를 일어서면서 팔을 위로 최대한 끌어 올려 격파자의 몸이 높이 올라갈 수 있도록 한다.

무릎을 최대한 가슴 쪽으로 끌어 올려 최고점에 올라갔을 때 무릎을 교차하면서 골반을 틀어 돌려차기로 전환시킨다.

02 수직축 회전 격파(세로회전)

태권도 기술의 꽃이라 불릴 만큼 화려한 발차기는 회전 발차기라 할 수 있다. 회전을 사용하기 위해서는 지지하는 발의 축 회전과 시선이 가장 기본이라 말할 수 있으며, 점층적으로 회전의 속도와 회전의 각을 늘려 체공에서 동작을 보다 효과적인 기술로 변화시킬 수 있다.

수직축 회전 격파는 기본적인 자기 신체를 띄울 수 있는 능력과 착지 시 몸의 체중을 조절할 수 있는 능력이 필요하기 때문에 기본 근력향상을 키운 후 기술을 훈련하여 부상을 방지한다.

1) 어깨 잡아주기

얼마만큼 회전하여 발차기로 이어지는지가 무엇보다 중요하다. 그렇지만 발차기를 차기 전 회전을 멈추고 차는 동작이 이루어져야 힘 있는 격파가 이루어지는 것이다.

돌개차기, 720° 돌개차기 등은 회전운동(각운동)을 잠시 멈추고 돌려차기 동작으로 이어주어야 한다. 회전력을 극도로 멈춘다는 것은 회전관성 때문에 쉽지가 않다. 격파 어깨를 반대로 잡아주어 발을 차도록 한다. 회전관성의 힘과 발차기의 힘이 합쳐져 강한 힘을 낼 수 있다.

뒤 후려차기, 540° 뒤 후려차기 등은 위 돌개차기 방법과 같이 회전관성을 최대한 멈추기 위한 방법으로 어깨를 반대로 잡아주어 발을 차도록 한다. 회전관성의 힘과 발차기의 힘이 합쳐져 강한 임팩트가 생기는 것이다.

어깨 잡아주기(회전의 반대방향)

point!

뉴턴에 의한 관성의 법칙, 즉 동일한 방향과 속도로 운동을 계속한다. 도움닫기(가속도법칙)를 통한 몸이 앞으로 나가는 원리와 뛰어올라 뒤차기의 회전관성을 생각할 때 회전을 계속하려는 관성과 앞으로 나가는 두 작용을 이용해 발차기를 연결해야 한다. 발차기를 차려면 순간적인 회전관성을 멈추고 반대로 틀어 차야 한다. 이때 병진운동의 나가는 시간을 계산해 목표물을 타격하는 기술 연습이 필요하다. 이 기술은 회전하는 자세를 어깨와 팔을 이용해 반대 방향으로 틀어 더 큰 힘을 낼 수 있으며 체공에서의 중심잡기와 발차기의 정확성을 위한 기술 동작 연습이다.

2) 뛰어 뒤차기 격파

도약하여 높이 있는 격파물을 한 발로 뛰어올라 공중에서 발을 교차하여 뒤
차기로 격파하는 기술이다. 차고자 하는 목표물을 향해 달려가 앞으로 뛰며 뒤
로 돌아 시선을 틀어 뒤차기로 변환시켜 격파하는 기술이다. 차고자 하는 발로
지면을 딛고 뛰어올라 무릎을 최대한 높이 올리고 최고점에서 몸을 돌리며 뒤차
기를 연결한다.

뛰어 뒤차기 시 어깨를 닫고 뒤차기를 찰 때 더 큰 힘의 타격을 할 수 있다.

지면을 뛰어 최대한 몸을 웅크리고 목표물을 향해 시선을 바라본다. 도움닫기를 통한 점프는 회전력이 증가되기 때문에 중심잡기가 힘들어진다. 체공에서 상체를 최대한 세우려 하고 회전각을 어깨와 시선으로 잡아 멈추는 동시에 무릎을 스쳐 뒤차기 연결을 해준다. 뒤꿈치가 목표지점에 타격될 때까지 시선을 끝까지 본다.

도움닫기의 지면 반력을 통해 45° 점프하여 회전각을 어깨로 잡고 직선 타격을 만드는 것이 무엇보다 중요하다.

초보자 대부분 어깨를 잡지 못하고 회전관성에 의한 발차기가 회전하여 옆차기 형태로 이어지기 때문에 강한 타격을 가져올 수 없으며 착지도 불안하여 부상을 예방하기 어렵다.

어깨를 잡아
뒤차기를 차준다

시선

3) 뛰어 뒤 후려차기 격파

도약하여 높이 있는 격파물을 한 발로 뛰어올라 공중에서 발을 교차하여 뒤 후려차기로 격파하는 기술이다. 차고자 하는 목표물을 향해 달려가 앞으로 뛰며 뒤로 돌아 시선을 틀어 뒤 후려차기로 변환시켜 격파하는 기술이다. 차고자 하는 발로 지면을 딛고 뛰어올라 무릎을 최대한 높이 올리며 최고점에서 시선과 함께 몸을 돌리며 뒤 후려차기를 연결한다.

뛰어 뒤 후려차기 시 어깨를 닫고 뒤 후려차기를 찰 때 더 큰 힘의 타격을 할 수 있다.

point!

한 발로 뛰어올라 몸을 최대한 움츠렸다 발차기를 차려는 순간 회전관성을 멈추고 반대로 틀어 차야 한다. 이때 병진운동의 나가는 시간을 계산해 목표물을 타격하는 기술 연습이 필요하다. 이 기술은 회전하는 자세를 어깨와 팔을 이용해 반대 방향으로 틀어 더 큰 힘을 낼 수 있으며 체공에서의 중심잡기와 발차기의 정확성을 위한 기술 동작 연습이다.

4) 뛰어 두 발 모아 뒤 후려차기

　도약하여 높이 있는 격파물을 두 발로 뛰어올라 공중에서 발을 교차하여 뒤 후려차기로 격파하는 기술이다. 너무 빨리 도약하면 체공에서 중심을 잡기 힘들어서 리듬감 있는 도약의 움직임이 필요하다.

　두 발로 지면을 딛고 뛰어올라 두 무릎을 최대한 높이 접어 올리며 최고점에서 시선과 함께 몸을 돌리며 뒤 후려차기를 연결한다.

　뛰어 뒤 후려차기 시 어깨를 딛고 뒤 후려차기를 찰 때 더 큰 힘의 타격을 할 수 있다.

point!

　두 발로 뛰어올라 몸을 최대한 움츠렸다 발차기를 차려는 순간 회전관성을 멈추고 반대로 틀어 차야 한다. 이때 병진운동의 나가는 시간을 계산해 목표물을 타격하는 기술 연습이 필요하다. 이 기술은 회전하는 자세를 어깨와 팔을 이용해 반대 방향으로 틀어 더 큰 힘을 낼 수 있으며 체공에서의 중심잡기와 발차기의 정확성을 위한 기술 동작 연습이다.

5) 10회 뒤 후려차기 연속 격파[25]

회전력과 함께 몸의 움직임이 중요하다. 차기는 반대 지지 발의 각(앞축)을 최대한 많이 틀어 뒤 후려차기를 시도한다. 축을 먼저 틀고 시선을 목표로 향해 돌리고 체간(몸통)을 회전시킨 후 발로 뒤 후려차는 기술이다.

앞축의 회전과 동시에 시선이 먼저 격파물을 향해 봐야 한다. 격파와 시선의 회전이 얼마만큼 빠르게 연결되는가가 이 동작의 핵심적인 요소로 볼 수 있겠다.

뒤 후려차기 시 허리를 뒤로 젖혀 상체를 잡아 뒤틀어 찬다. 격파 시 발의 격파 위치는 뒤꿈치가 송판에 맞는 것이 중요하며 보조자의 잡는 박자를 맞추어 차야 한다. 대부분 격파 기술은 일단 보조자의 멈추어진 송판의 형태를 보고 각 격파 위치를 감각으로 파악하여 격파하는 반면 10회 뒤 후려차기 격파는 빠른 순간 보조자의 송판 위치에 따라 차야 한다. 그만큼 빠른 결정과 실행이 필요한 격파라 할 수 있다.

---

25) 이 동작은 필자가 제1회 한마당 대회 기술 격파 부분에서 처음 선보인 기술이다. 곽택용이 만든 기술로 한마당 기술 격파 부분에 우승한 연속 10회 뒤 후려차기이다. 10회 뒤 후려차기는 아름다움과 파괴력을 연속으로 회전하며 뒤 후려차는 기술 격파이다. 차츰 기술력이 발전되어 보조자가 던지는 박자에 뒤 후려차기 격파가 이어지는 격파 시범을 했다. 대부분 빠르게 차기 위해서 격파물 높이를 낮게 하여 연속으로 차는 시연을 종종 볼 수 있다. 이 기술은 연속으로 빠르게 차는 것도 중요하지만 얼마만큼 자신에 맞는 높이에서 동작을 크게 차느냐가 더욱 중요하다. 예술적인 태권도 발차기의 화려함을 보일 수 있는 동작으로 목표물 타격은 얼굴 높이가 이상적인 동작이라 말할 수 있다.

1994년 한미동맹 미국 시범

point!

후려차기 타격 부위는 발바닥과 뒤축 부위가 있다. 실제 연습은 뒤축 부위로 차야 실제 격파에서 타격이 이루어지며 송판을 완파시킬 수 있다. 그러나 대부분 연습 시 뒤축보다는 발바닥으로 차는 연습을 하면 실제 연속 뒤 후려차기 격파 시 송판이 밀려 완파되지 않는 경우가 생긴다.

(예: 뒤 후려차고〉앞축 틀고〉뒤 후려차고〉앞축 틀고……. 자연스러운 동작이 연결되어야 한다.)

발차기 방향

※ 뒤 후려차기가 수평을 이루어 찰 수 있어야 한다. 즉 허리 뒤틀림이 중요하다.

잘못된 뒤 후리기 회전각	잘된 뒤 후리기 회전각

6) 돌개차기

　　회전축을 지탱하는 발은 앞축에 중심을 두고 회전하며, 반대 발은 회전 시 뒤에서 앞쪽으로 회전하면서 무릎을 회전하는 방향으로 자연스럽게 올린다. 들어 올리는 발이 앞쪽을 향했을 때 뛰며, 도약한 발로 돌려차기를 찬 후 부드럽고 안전하게 착지한다. 격파 시 상체를 앞으로 조금 기울이고 중심을 잃지 않도록 유지하면서 자연스럽게 360° 회전한다. 회전하는 몸에 팔을 자연스럽게 두었다가 차는 순간 발과 반대 방향으로 자세를 잡아준다.

point!

한 발 나가 디딜 때 앞축을 이용하여 최대한 틀어 회전이 편리하게 만들어준다. 회전을 하면서 반대 무릎을 위로 차올리듯 점프하고 최고점에 올라왔을 때 다리를 교차하여 발을 차준다.

① 10회 돌개차기

돌개차기의 응용 동작으로 돌개차기를 연속으로 최대한 빠르게 한다. 단발 차는 돌개차기는 무릎을 높게 올려 체공력을 높여 차는 방법과는 달리 무릎을 골반 높이로 맞추고 회전운동을 살려 연속 찬다.

이 동작은 찬 발이 지면에 닿을(앞축을 통한 중심이동) 때 최대한 각을 틀어 회전이 편리하게 만들어준다. 발을 차고 시선을 틀어 다음 목표를 보는 것이 중요하다. 허공에서 연속으로 도는 연습을 충분히 한 후 점진적으로 하나에서 열까지 횟수를 늘려 타격 연습을 한다.

다른 방법의 응용 동작으로 마지막 10회 타격할 때 회전을 이용한 540° 뒤 후려차기가 있다. 제자리에서 540° 발차기 연습이 숙달되어야 연속을 통한 발차기의 힘 있는 타격을 할 수 있다.

point!

연속회전 돌개차기는 반대 무릎을 높이지 않고 무게 중심을 낮추고 빠르게 회전하며 연속적으로 찬다. 이때 차는 거리가 일정하게 유지되어야 한다.
넘어지지 않도록 고개를 바로 세운다. 어깨를 잡아 회전 후 돌개차기를 하고 바로 시선을 돌려 회전력을 증가시킨다.

② 눈가리고 돌개차기

눈을 뜨고 격파하는 것과 눈을 가린 채 돌개차기 격파하는 것은 많은 기술의 차이가 있다. 그만큼 어렵고 위험하다.

눈을 가린 후 중심을 잡고 차는 것이 중요하다. 눈을 가리고 낮은 높이에서 점진적으로 높이를 조정하여 돌개차기를 연습한다. 이때 차는 것도 중요하지만 회전을 통한 안전한 착지 연습이 함께 이루어져야 한다.

눈을 가린 상태에서 종소리를 듣고 이동해야 하기 때문에 목표지점의 이동 거리를 눈을 뜬 상태에서 연습하여 숙지한 후 눈을 감고 동선과 타격 거리를 맞춘다. 많은 연습을 통해 느낌을 알고 체득시켜 격파에 임한다. 보조자가 잡고 있는 칼날과 칼끝은 무디게 하고 칼의 각도는 45° 틀어 발등에 상해를 피하도록 한다.

point!

거리감이 무엇보다 중요하다. 눈 가리고 돌개차는 연습을 꾸준히 해 자신감을 얻을 수 있다. 종소리에 움직이는 표현 자체가 시범이므로 움직이는 자세가 보조자와의 호흡이 중요하다. 눈을 뜨고 연기하듯 연습하여 자연스러운 움직임을 만들도록 한다.

7) 외발 돌개차기

돌개차기의 변형 기술이다.

돌개차기의 기술은 스냅으로 접어 차는 방식으로 되어있으나 외발 돌개차기의 기술은 상반된 뻗어 차 돌아 딛기의 기술을 요구하고 있어 돌개차기 형태와 다르다고 볼 수 있다.

회전의 기술을 습득하고 체공에서의 몸 회전을 다른 방식으로 이해하여야 한다.

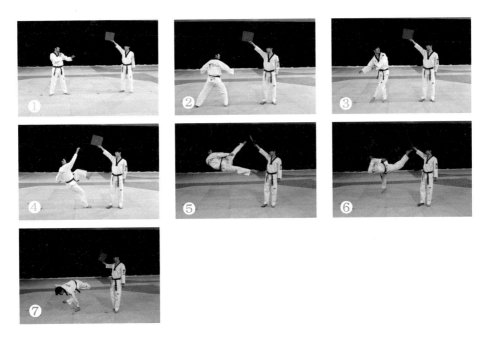

외발 돌개차기를 차고 발을 내릴 때 뻗은 다리를 접지 않고 그대로 찬 발로 착지하기 때문에 체중 전체가 한쪽 발에 실려 무릎과 발목에 무리를 줄 수 있다. 이를 예방하기 위해서는 체중의 힘을 지탱할 수 있는 근력이 형성되어 있어야 한다. 낮은 높이에서 점진적으로 높은 각으로 차는 연습을 실시한다.

무릎을 최대한 끌어 올린다

돌려차기를 차고 접지 않는다

찬 발을 그대로 펴 착지한다

차는 발의 회전 각도를 크게 하여 타원형식으로 차면서 접지 않고 찬 발을 바로 지면에 닿게 하는 기술을 습득한다.

point!

찬 발을 접지 말고 차는 힘과 회전력으로 지면에 착지할 수 있도록 연습한다. 무릎을 올린 상태에서 발을 차 돌리는 연습을 한다.
낮은 높이에서 시작하고 차츰 단계별로 상승 이동하여 타격 연습을 하도록 한다.

8) 역회전 360˚ 돌개차기

빠른 도움닫기를 통한 팔의 스윙 동작과 무릎을 최대한 위로 끌어 올려 높은 체공과 회전력 얻는다. 이와 동시에 상체와 시선을 격파물 방향으로 틀어 무릎을 들어 돌려차기로 격파한다.

point!

팔을 아래에서 위로 쳐올릴 때 미리 발 디딤은 회전각을 최대한 틀어 점프하여야 한다. 정면을 보면서 뛰지만 뛰어 올라갈 때는 옆이나 반대 방향을 보며 뛰어오른다.

9) 720° 돌개차기 자유품새 규정종목 회전1

　　이 동작은 돌개차기를 체공에서 한 바퀴 더 회전하는 응용 동작으로 설명된다. 체공력과 회전력을 높여주기 위한 반대 무릎을 올리는 동시에 발등을 비틀어 빗차기 형식으로 차면서 뛰어오른다.

point!

내딛는 발의 앞축의 각을 최대한 틀어 뛰어 회전하기 쉬운 상태를 만들고 회전 시무릎을 최대한 가슴 쪽 위로 끌어 올려 높은 체공을 만들어준다.
체공에서 회전력을 보태주기 위해 손을 휘감으며 돌아 회전력을 멈추지 않는다. 체공에서 몸 회전을 빨리 돌기 위해서는 몸의 힘을 빼고 회전의 저항력을 줄이기 위해 손을 가슴 쪽으로 모은다. 발차기 시 어깨를 반대 방향으로 틀어잡고[26] 정확한타격이 되도록 돌려차기를 이어찬다.

---

26) 어깨를 잡는 이야기는 회전력을 어깨로 멈추게 하는 동작으로 볼 수 있다. 관성으로 회전력이 계속 이어지는 것은 좋으나 회전 때문에 정확한 타격이 어렵다. 기술 회전 동작에서는 회전을 멈추고 발차기를 이어차는지를 기술력으로 봐야 한다.

10) 720° 돌개차기 2단계 발차기

720° 돌개차기의 응용 기술이며 회전 시 빗차기 격파가 추가된 2단계 기술 격파 방법이다. 체공력과 회전력을 높여주기 위한 반대 무릎을 올리는 동시에 발등을 비틀어 빗차기 형식으로 차면서 뛰어오른다. 격파하기 위하여 체공력과 회전력을 멈추지 않고 회전력을 이용하여 격파하여야 한다. 체공에서 몸 회전을 빨리 돌기 위해서는 몸의 힘을 빼고 시선을 돌리고 720° 회전력을 유지하면서 자연스럽게 격파가 이루어져야 한다.

지면에서 회전에 의한 타격과 함께 회전이 되어야 한다. 회전 방향으로 머리와 시
선을 돌려 체공에서의 빠른 회전이 되도록 한다.
지면 발력을 이용하여 회전하면서 뛰어 차오르며 회전을 한다.
뛰어오르는 발은 빗차기 형태를 만들어 회전각을 유지해야 한다.

11) 540° 뒤 후려차기 자유품새 규정종목 회전2

540° 뒤 후려차기의 발차기는 회전의 발딛기를 시작하여 반대 발을 힘 있게 차올리며 점프한 후, 몸 쪽으로 손을 당겨 회전력을 증가시키며 중심을 잡아 회전하는 속도에 이어 강하게 후려차는 기술을 말한다.

지지하는 반대 발을 최대한 끌어올려 체공에서 회전할 수 있는 공간을 유지하고 회전과 동시에 시선을 회전 방향으로 틀어 회전의 중심각을 잡아준다.

내딛는 발의 앞축의 각도를 얼마만큼 미리 틀어놓느냐가 두 바퀴를 안전하고 쉽게 돌 수 있는 비밀이다.

회전하면서 무릎을 힘 있게 들어 올려 체공 높이를 올려 팔을 몸 쪽으로 감아 돌아 회전속도를 빠르게 한다.

지면이 미끄럽거나 울퉁불퉁할 때는 처음 디디는 발을 최대한 가볍게 디디면서 체중을 이동시켜 제자리에서 찬다는 기분으로 시연하면 미끄러지거나 실패하는 경우를 줄일 수 있다.

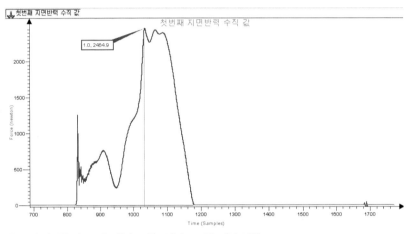

출처: 용인대학교(2011). 웰리스 연구센터. 540° 지면 반력.

딛고 뛰어오르는 발의 수직 방향 지면 반력 값이며, 지면 반력의 뛰어오르는 힘은 약 2500N으로 일반 성인 체중의 3~4배 정도의 힘을 가한 것으로 볼 수 있습니다. 힘값이 0이 된 시점은 뛰어오른 이후이고, 뛰어오른 후 회전과 타격이 이루어진 것이다.

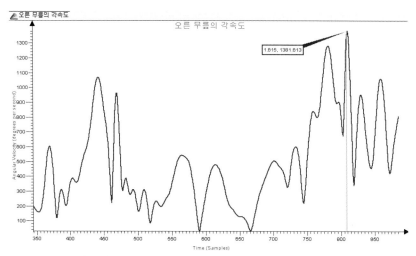

출처: 용인대학교(2011). 웰리스 연구센터. 540° 무릎 각속도 최고.

540° 뒤 후려차기의 핵심은 지면 반력을 이용해 체공을 만들고 한 바퀴 반 회전하여 무릎을 빠르게 굽혔다 폄에 따라서 강한 파괴력을 얻을 수 있다.

위 540° 뒤 후려차기 데이터의 무릎의 각속도는 약 1.600rad/s가 나왔다.

이 이야기는 1초에 1.600도 움직이는 속도라고 말할 수 있다. 540° 뒤 후려 차기의 핵심 비결은 지면 반력을 통한 빠른 회전속도가 필요하며 강한 다리의 근육이 필수적이다. 체공의 점프력과 회전의 힘을 얻기 위해서는 기본적인 근력 의 형성이 필요하며, 힘을 동반한 연결 기술력이 뒷받침되어야 하겠다.

12) 540° 뒤 후려차기 2단계 자유품새 규정종목 회전2

540° 뒤 후려차기 2단계 발차기는 회전각을 최대한 틀어 발딛기를 시작하여 반대 발을 힘 있게 차올리며 점프한 후, 몸 쪽으로 손을 당겨 회전력을 증가시키며 중심을 잡아 회전하는 속도에 이어 발이 교차할 때 돌려차기를 찬다. 돌려차기 후 시선을 돌려 뒤 후려차기로 연결하는 기술을 말한다.

지지하는 반대 발을 최대한 끌어 올려 체공에서 회전할 수 있는 공간을 유지하고 회전과 동시에 시선을 회전 방향으로 틀어 회전의 중심각을 잡아준다.

point!

체공에서 중심을 최대한 잃지 않도록 수직으로 상체를 세운다. 돌려차고 뒤 후려차기 연결 시 어깨를 잡아주어 후려차기의 힘이 실리도록 한다.

13) 540° 뒤 후려차기 3단계 자유품새 규정종목 회전2

540° 뒤 후려차기 3단계 발차기는 회전각을 최대한 틀어 발딛기를 시작하여 반대 발을 비껴차기로 격파물을 힘있게 차올리며 점프한 후, 몸 쪽으로 손을 당겨 회전력을 증가시키며 중심을 잡아 회전하는 속도에 이어 발이 교차할 때 돌려차기를 찬다. 돌려차기 후 시선을 돌려 뒤 후려차기로 연결하는 기술을 말한다.

지지하는 반대 발을 최대한 끌어 올려 체공에서 회전할 수 있는 공간을 유지하고 회전과 동시에 시선을 회전 방향으로 틀어 회전의 중심각을 잡아준다.

point!

첫 번째 아래에 있는 표적을 의식하여 회전력을 잃는 경우가 생긴다. 회전의 각을 살리기 위해서는 체공에서 격파하는 것이 아니라 지면에 돌면서 차 올라가는 형태가 되어야 회전력을 증가시킬 수 있다.

체공에서 최대한 수직으로 상체를 세워 중심을 잃지 않도록 세운다. 돌려차고 뒤 후려차기 연결 시 어깨를 잡아주어 후려차기의 힘이 실리도록 한다.

14) 제자리 540° 뒤 후려차기

제자리 540° 뒤 후려차기는 540° 뒤 후려차기 격파의 응용 기술로 제자리에서 뛰어올라 회전력을 높여 격파하는 기술이다. 대부분 회전력을 높이기 위해 도움닫기의 지면 반력을 이용하는데 제자리 540° 뒤 후려차기는 자신이 가지고 있는 근력을 이용해 격파하는 동작이다. 이 동작은 내딛기의 지면 마찰력을 이용하지 않고 제자리에서 두 발의 축을 최대한 틀어 뛰어오르며 회전하는 기술을 말한다. 고무줄을 돌돌 말고 풀면 회전이 증가하며 풀리듯이 회전력을 증가시키는 원리는 비슷하다.

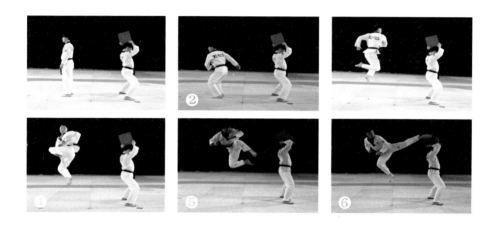

point!

몸을 최대한 비틀어 가볍게 점프하여 몸을 풀며 시선을 먼저 목표물에 고정한 후 정확한 격파가 이루어지도록 가속도가 붙은 회전각에 뒤 후려차기를 시도한다.
점프하기 전 지면 발의 각도를 최대한 틀어 회전각을 줄이는 것이 중요하다.

※ 360° 제자리 뒤 후려차기

(제자리 540° 뒤 후려차기 하기 전 연습방법 각도를 줄여 연습한다)

연습방법   팔의 스윙 동작의 뒤틀림을 가지고 뛰어올라 뒤 후려차기

15) 900° 뒤 후려차기 자유품새 규정종목 회전3

540° 뒤 후려차기와 같은 동작의 회전 기술을 볼 수 있으며 체공에서 2바퀴 회전하면서 격파하는 동작이다. 체공에서 회전의 저항력을 줄이며 빠르게 회전하며 뒤 후려차기 동작이 이루어져야 한다.

앞축을 최대한 회전하며 딛고 반대 무릎을 회전과 동시에 위로 올려준다. 체공 상태에서 양손은 회전 방향으로 돌며 당겨 모아준다(손을 모아서 회전 시 저항력을 최대한 줄여준다).

손은 최대한 가슴 쪽으로 붙여준다

지면의 발을 딛고 뛰어올라 꼬아져 있는 몸을 풀어주면서 왼발과 상체를 동시에 45° 방향으로 틀어 체공 상태에서 손은 가슴 쪽으로 모아주고 회전을 최대한 빠르게 돌 수 있는 자세를 만들어준다.

시선은 격파물에 고정되어 보는 것이 아니고 회전을 하다가 720° 또는 마지막에 회전 시에 목표 타점을 주시하여 격파한다. 체공에서의 회전 저항력을 줄이고 최대한 빠른 회전기술에 의한 타격방법이다.

꼬아져 있을 때 상체는 정면을 향하게 되는데 이때 왼쪽 어깨를 확실하게 열어준다는 생각을 하고 오른쪽 손을 왼쪽 어깨에 붙여준다는 생각을 한다. 그리고 시선은 회전 진행 방향으로 계속 가지고 있는 것이 중요한 tip이다.

피겨 스케이팅의 예를 두고 영상을 보는 것도 회전하는 기술을 이해할 수 있다. 돌개차기의 회전 연습을 많이 하여 체공에서의 회전 능력을 향상시켜야 한다.

03 수평축 회전 격파(가로회전)

자유품새 규정종목

수평축 회전 격파 기술은 회전 기술에 따라서 앞 공중돌기와 뒤 공중돌기로 나눌 수 있다.

앞 공중돌기는 앞으로 뛰어넘어 주먹 격파 후 회전하며 낙법으로 돌아 착지하는 기술을 말한다. 뒤 공중돌기는 공중뒤돌아(가로, 수평축 회전하여 발등으로 격파 동작) 기술로 제자리 도움닫기를 이용하여 뒤 공중돌기, 사람의 몸을 딛고 뒤 공중돌아 격파하기, 딛고 공중돌아 비틀어 차고 비틀어 착지하기 등으로 세부적으로 나뉠 수 있다.

1) 제자리 뒤 공중 앞차기

팔의 스윙 동작을 아래에서 위로 쳐올려주는 동시에 제자리 점프를 한다. 점프 시 무릎을 최대한 빠르게 가슴 쪽으로 끌어 올려 당기면서 체공의 목표물을 보면서 회전하여 앞차기 타격을 한다.

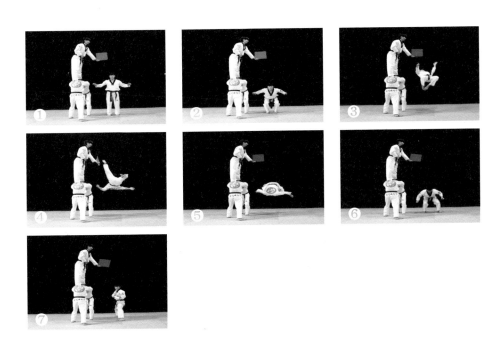

point!

높은 체공과 함께 회전이 연결되도록 한다. 회전 시 발을 교차하며 찬 발이 회전을 증가시켜 안전한 착지가 되도록 한다.

2) 제자리 뒤 공중 앞차기 2단계

　　팔의 스윙 동작을 아래에서 위로 쳐올려주는 동시에 제자리 점프를 한다. 점
프 시 무릎을 최대한 빠르게 가슴 쪽으로 끌어 올려 당기면서 첫 번째 앞차기를
찬 후 무릎을 교차하며 반대 발 앞차기는 골반을 밀어주어 차고 다시 무릎을 당
겨 회전력을 유지시켜 안전한 착지가 되도록 한다. 이 동작은 체공에서 회전하
며 두 개의 격파물을 타격하는 동작이라 여러 위험요소가 있기 때문에 충분한
회전 격파 연습이 되었을 때 시연하도록 한다.

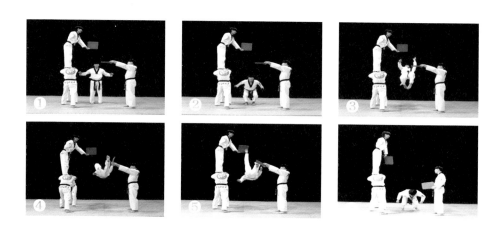

point!

리듬을 이용한 반동이 되도록 앉았다 일어서며 뛰어올라 회전이 연결되도록 한다.
회전 시 앞차기를 하고 바로 발을 교차하며 반대 발을 연결시켜 빠르게 찬다. 이때
차고 접는 것이 아니라 찬 후 무릎을 당겨 안전한 착지가 되도록 한다.

3) 도약하여 뒤 공중 앞차기

도움닫기 측전 돌기를 통하여 회전하며 뛰어 체공에서 돌아 발을 교차하며 앞차기를 찬다. 앞차기 찬 발을 이용하여 안전하게 착지한다.

손 짚고 회전하여 체공에서의 공중회전을 숙달이 되도록 연습을 많이 하도록 한다.

공중회전은 위험한 격파이므로 안전한 장치에서 연습을 충분히 하여 기술이 숙달이 된 후 실지 격파에 임해야 한다. 처음 연습할 때는 보조자는 회전 시 부상을 방지하기 위하여 옆에서 회전을 도와준다(회전 시 등 쳐주기). 착지에도 보조자가 격파자의 안전한 착지를 도와주어 부상을 방지한다. 안전한 매트에 점진적인 수련을 하도록 한다.

도움닫기를 통한 손 짚고 회전할 때 발 구름의 체공이 중요하다. 빠른 도움닫기를 통해 위로 솟아오르는 체공력은 그만큼 돌 때 정확하게 돌 수 있는 여건을 마련한 것으로 체공회전의 연습을 많이 하는 것이 중요하다.

공중회전과 동시에 회전력을 그대로 살려 앞차기를 찬 후 착지 지점을 보고 안전한 착지를 한다.

4) 가슴 딛고 뒤공중 앞차기

　　제자리 공중회전의 응용 동작으로 띄우는 보조자의 힘에 따라 3~5m 이상의 높이를 찰 수 있다. 동작의 화려함을 그만큼 효과적으로 줄 수 있는 동작이며 격파에서 없어서는 안 될 중요한 격파 동작이다.

　　격파의 화려함 속에는 그만큼 위험이 많이 도사리고 있는 동작이므로 안전에 항상 민감하게 대처하여야 한다.

　　충분히 연습되어 있지 않으면 큰 부상으로 이어져 안전한 매트에서 수련연습을 해야 하는 것은 필수적이다. 또한 보조자가 위로 끌어 올려주는 힘과 박자가 무엇보다 중요하다. 보조자의 힘은 격파자의 체공에 영향을 주므로 그만큼 보조자의 역할이 격파자의 역할만큼 중요하다고 볼 수 있다.

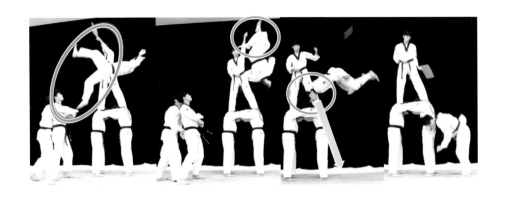

point!

격파자는 보조자의 가슴 딛고 체공 회전을 하면서 발차지 않는 무릎을 올려 교차하면서 앞차기를 이어준다.

발차기를 차면서 회전력을 증가시키도록 하며, 발차기하고 난 후 착지 지점을 확인하고 안전하게 착지한다.

처음 연습 시에는 쿠션이 좋은 매트 위에서 연습을 충분히 한 후 숙달이 되었을 시 격파를 연습한다. 보조자와의 타이밍이 무엇보다 중요하기 때문에 회전 연습과 착지 연습을 숙달이 될 때까지 시간적 여유를 두고 연습한다.

옆모습	앞모습

보조자의 팔
밟기 편하고
단단하게 고정

보조자와의 호흡이 무엇보다 중요하다. 보조자와 호흡을 잘 맞추어 딛고 공중회전
력을 효율적으로 사용해야 한다.

딛기를 위한 격파자의 발이 들어올 때 보조자는 뒤로 밀리지 않도록 순간적으로 힘
들 주고 딛는 동시에 격파자의 체중을 실어 위로 띄워준다.

격파자가 앉아있는 가슴을 딛을 때 보조자는 하체를 일어서면서 팔을 위로 최대한
끌어 올려 체공에서 띄우기를 극대화시킨다.

5) 가슴 딛고 뒤공중 돌려차기 후 비틀어 착지

보조자와 호흡을 맞추어 가슴 딛고 체공에서 격파물을 주시하고 발차기하는 동시에 발의 회전과 함께 손을 회전 방향으로 당겨준다. 격파의 회전이 동시에 이루어져야 하며 착지 매트에 시선을 두고 무릎의 완충작용의 굽힘을 이용하여 안전한 착지를 한다.

가슴 딛고 수평축(가로) 회전 격파의 응용 발차기이다. 보조자의 가슴을 밟음과 동시에 격파물 방향으로 상체를 들어 격파물을 본다. 비스듬한 각을 만들어 상체를 들어 올리고 무릎을 상체로 당기면서 돌려차기를 차 회전력을 살린다. 돌려차기 시 어깨와 손으로 모아 몸의 회전이 용이하도록 한다.

보조자의 띄움과 동시에 발차기의 회전력을 그대로 살려 회전을 한 후 착지 지점을
보고 안전한 착지를 한다.
발차기하면서 손을 가슴 쪽으로 감아주어 회전의 저항력을 줄이고 동시에 빠른 회
전을 가져올 수 있다.
띄우는 보조자와의 호흡이 무엇보다 중요하다.
격파자가 앉아있는 가슴을 딛을 때 보조자는 하체를 일어서면서 팔을 위로 최대한
끌어 올려 체공에서 띄우기를 극대화시킨다.

6) 투척물 격파

고정되어있지 않은 허공에 던져진 물체를 격파하는 기술이다.

공이나 사과를 던져 포물선으로 내려오는 속도와 각을 맞춰 공중회전하며 타격하는 정확성 격파이다. 자칫 공에 집중하다 보면 공중회전의 타이밍을 놓쳐 상해를 입는 경우가 생긴다. 공중회전을 완전히 숙달된 후 투척 격파의 난이도 격파 시도를 해야 한다.

투척물의 종류에 따라 무게와 부피가 달라서 던지는 타이밍을 다르게 계산하여 격파를 시도해야 한다.

투척물을 던져 공중에서 내려오는 시간을 체크하여 공중회전 시 격파물이 타격될 수 있도록 한다. 안전한 위치에 올 수 있는 반복 수련이 필요하다.

제자리 투척물 격파와 뛰어가 공중회전의 발차기 기술로 응용될 수 있다.

투척물 격파는 회전 기술과 함께 발차기 기술을 완벽히 구사할 수 있는 능력이 체득되었을 때 시도하도록 한다. 움직이는 투척물로 인하여 공중회전이 불안하며 실수와 부상 확률이 그만큼 높은 동작이다. 안전장치에서 꾸준한 노력으로 동작의 완성을 가져온 후 실제 격파에 임해야 하겠다.

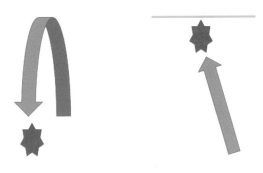

　격파물이 포물선이 되도록 던지는 연습이 필요하며 투척물의 떨어지는 속도
와 방향을 관찰한다.

사과나 테니스공 등 투척물의 무게를 비교하여야 한다. 무게와 부피를 통해 떨어지
는 속도를 정확하게 측정하고 일정한 높이를 던지도록 연습하여야 한다. 차는 것도
중요하지만 던지는 기술, 즉 같은 높이를 던져 안전한 회전이 되도록 연습하는 것
이 무엇보다 중요하다.
사과나 테니스공을 던진 후 제자리 점프를 할 때 팔을 위로 올림과 동시에 무릎을
가슴 쪽으로 끌어 올려 격파물이 내려오는 속도를 맞추어 공중회전 앞차기를 한다.

① 눈 가리고 뒤공중 앞차기

눈을 가린 채 공중회전 격파는 그만큼 위험요소가 많이 있어 충분한 연습을
통해 격파가 이루어져야 한다.

눈을 뜨고 제자리 공중회전 격파가 완벽히 되었다면 눈을 가리고 뒤 공중회
전 연습을 통해 두려움을 없애고 회전감을 느낄 수 있도록 한다. 이때 보조자가
안전한 회전과 착지가 되도록 도와주어야 한다. 어느 정도의 훈련을 끝낸 후 완
전한 격파가 되도록 회전에서 미트 차는 연습을 많이 한다.

숙달이 되었을 때 뒤공중 앞차기 2단계 훈련이 되도록 한다.

point!

거리감이 무엇보다 중요하다. 도움닫기와 팔의 스윙을 통하여 체공을 유지하고 원
심력을 통한 차기가 되도록 한다.
종소리에 움직이는 표현 자체가 시범이므로 움직이는 자세가 보조자와의 호흡이 중요
하다(거리가 맞지 않을 때는 보조자가 거리를 맞출 수 있도록 격파 거리를 연습을
통해 파악한다). 눈을 뜨고 연기하듯 연습하여 자연스러운 움직임을 만들도록 한다.

04 복합기술 격파

태권도의 격파 기술인 체공 격파와 회전 격파를 이용하여 여러 개의 송판을 격파하는 기술을 말한다.

격파 기술	기술 내용
여성 일렬 격파	일렬 대형으로 놓여진 다양한 종류의 격파물을 빠르게 격파
여성 수직 4단계	수직으로 놓여진 4개의 격파물을 연속 3회 뒤 후려차기 실시 후, 돌개차기로 연속으로 격파
일렬 대형 속도 격파	일렬로 나열된 다양한 높이와 각도에 있는 격파물을 몇 초 만에 격파하는 매우 빠른 속도의 격파
공중돌려차기 1 · 3단계 후 장애물 딛고 공중회전 격파	한번 도약하여 공중에 돌려차기를 단계별로 격파한 후 바로 장애물 딛고 뒤로 회전하면서 격파
타깃차기	태권도 경기와 시범에 필요한 다양한 손 · 발의 기술을 숙달하기 위한 수련과정으로 타켓을 이용한 동작 기술
움직임 다방향 격파	여러 방향의 움직이는 이동경로를 예측할 수 없는 격파물을 순간적으로 포착하여 격파

출처: 곽택용(2011). 표 수정.

1) 다방향 격파[27]

격파물을 사방에 있는 보조자들이 순간적으로 발차기의 위치에 잡아줄 때 주먹 또는 발차기로 격파하는 동작이다.

이 동작은 사방에 있는 다수의 적을 물리치는 호신을 표현하는 동작으로 구성되었다. 순간적으로 방향을 바꿔 격파해야 하므로 격파자와 보조자들의 호흡이 중요하다.

다방향 격파 시연장면(장소: 이탈리아)

---

27) 다방향 격파는 2003년 제1회 한마당(세계무예태권도대회) 대회에서 우승한 기술 발차기이다. 필자(곽택용)가 처음 만들어 선보였다. 그 후 시범의 한 종목의 요소로 자리 잡아 격파 시범에 사용되고 있다.

point!

보조자들은 다른 보조자들과 격파자의 이동 동선이 겹치지 않도록 동선을 미리 숙지해야 한다. 격파자는 실지 공격하는 형태의 움직임과 파지법으로 정확한 동선에 격파물을 잡는다. 보조자와 격파자는 무엇보다 빠른 움직임이 중요하다.

빠른 움직임을 하기 위해서는 격파물을 빠르게 잡아주어 격파자가 잡아주는 즉시 찰 수 있는 호흡을 맞춰야 하는 것이 다방향 격파의 핵심이라 할 수 있겠다.

보조자는 여러 방향에서 공격해오는 동작을 취하게 하여 격파를 보는 관중으로 하여 긴장감과 박진감이 넘치는 격파가 되도록 한다.

방향 전환 시 중심이동이 편리한 방향으로 격파의 동선을 만드는 것이 중요하다. 무리하게 움직여 중심이동이 느리고 발차기 시 연결이 지장을 주는 동작과 동선은 시연을 통해 수정하도록 한다.

2) 일렬 대형 속도 격파

    일렬로 나열된 다양한 높이와 각도에 위치한 격파물들을 매우 빠른 속도로 격파해나가는 시범 동작이다.

    여러 가지 혼합된 기술을 이용하면서 한순간에 격파하여 나아가는 모습을 보여주어야 한다. 빠른 격파를 하기 위해서는 보조자들은 격파자가 원하는 위치의 거리와 높이에서 격파물을 잡아주어야 한다.

point!

    빠르게 연결할 수 있는 손동작과 발동작을 혼합하여 대형을 만들 수 있다. 일렬로 움직이는 동선을 만들어 체중이 앞으로 실려나가도록 한다.

    체중 전환이 자연스럽게 이동되어야 한다.

    발차기 연결은 무릎을 빠르게 올려 발차기로 연결시켜야 힘 있고 강한 발차기를 찰 수 있다.

    1) 일렬 대형 속도 격파 예

        ① 앞주먹 〉 팔굽돌려치기 〉 빠른 발〉 내려차기 〉 돌려차기 〉 나래차기 연결 2회 〉 앞차기 혼합3방 (앞차기, 앞차기, 돌려차기) 〉 돌개차기 〉 돌개차기 〉 540° 뒤 후려차기

3) 겨루기 연결 발차기[28] 자유품새 규정종목

　겨루기 상황을 만들어 허공에 발차기를 연속으로 차는 기술을 말한다. 이 기술은 미트를 연속으로 잡아주어 차는 응용 기술로 연결될 수 있다. 순간적으로 잡아준 미트의 각도에 따라 돌려차기, 뒤차기, 나래차기, 뒤 후리기 기술로 공격과 받아 차는 기술을 연결하여 태권도의 빠르고 복합적인 기술을 선보일 수 있다.

　허공을 찰 때 발을 차고 접는 스냅이 중요하다. 빠른 연결을 하기 위해서는 차고 접어 다음 동작을 연결이 자연스럽게 되도록 한다. 이때 공방의 연결 구조 형태의 전술동작을 만들어 표현하도록 한다.

　허공을 찰 때는 무릎관절에 손상을 줄 수 있으므로 신체의 근력을 충분히 만든 후 겨루기 연결 발차기를 시도한다.

---

28) 겨루기 자유발차기는 스텝을 3번 뛴 후 겨루기 시 나올 수 있는 발차기 동작을 공격과 받아차기를 이용하여 창작하여 만든 기술을 말한다. 공방의 기술을 연속으로 5회 이상 빠르게 전환해서 차야 숙련성이 높다고 볼 수 있다.

체중 전환이 자연스럽게 이동되어야 한다. 앞축의 발딛기(step)를 이용하여 빠른 움직임이 되도록 한다.

발차기 연결은 무릎을 빠르게 올려 발차기로 연결시켜야 힘 있고 강한 발차기를 찰 수 있다.

기본 전술 형태

1) 공격형 예시

　① 발딛기(step) 〉 빠른 발 〉 돌려차기 〉 나래차기〉 돌개차기 〉 뒤차기

　② 발딛기(step) 〉 빠른 발 〉 돌려차기 〉 나래차기〉 돌개차기 〉 뒤 후려차기

　③ 발딛기(step) 〉 돌려차기 〉 내려차기 〉 돌려차기 〉 돌개차기 〉 뒤 후려차기

2) 공방 전술형 예시

　① 발딛기(step) 〉 빠른 발 〉 돌려차기 〉 물러딛고 받아차기(양발) 〉 폼 바꿔 뒤 후려차기

　② 발딛기(step) 〉 빠른 발 〉 나래차기 〉 폼바꿔 뒤차기 〉 물러딛고 돌려차기 〉 뒤 후려차기

태권도 격파의
심리기술

01 격파 심리기술의 정의

연습에서 좋은 기량을 발휘하다가도 관중이 많은 장소에서 격파를 실수하는 단원들이 있다. 연습이나 실제 시범의 격파 상황에서 기술 수준에는 큰 변동이 없다. 그렇지만 심리상태는 상황에 따라 크게 달라지기 마련이다.

심리기술(psychological skills)이란 생각과 감정의 조절을 통해 격파 시 상황에서 겪는 스트레스를 극복하고 격파에서의 최대 기량을 극대화하는 데 필요한 모든 정신적인 전략과 기법이라 할 수 있다.

심리기술 훈련은 최상의 기량을 발휘할 수 있도록 단원들에게 자기 조절적인 기술을 습득하도록 도움을 주는 훈련과정이다.

02 격파의 심상 훈련

격파에서의 실제 상황과 같은 조건을 상상해놓고 격파자와 보조자의 위치와 격파물을 자신이 원하는 곳에 설정한다.

마음속으로 이동 경로를 결정하고 격파물 위치를 확인한다. 결정 후 마지막 출발 시점에서 마음을 바꾸면 대개 실수로 이어지게 마련이다. 방향, 위치를 결정하고 집중하고 격파 시 몸의 리듬과 밸런스로 정확한 부위를 타격하여 격파하는 모습을 상상한다.

실패가 아니라 기술이 성공적으로 이루어지는 상상을 한다.

여러 관중이 나를 주시하고 지켜보는 상황을 계속 떠올리며 시범에 자신 있게 임하는 생각을 한다.

격파물의 정확한 타격 부위를 설정해 놓고 그 부위를 손이나 발을 이용하여 순간적인 빠른 속도로 타격하여 성공적인 완파를 하고 체공에서의 안정된 몸놀림과 착지 시 몸의 중심을 완벽하게 착지하고 마무리하는 자신의 모습을 그려본다. 격파의 완성을 통해 관중들에게 환호 소리를 듣는 상상한다.

이러한 기술적, 환경적 훈련은 신체와 정신을 한곳에 집중해야 하며 한 번의 심상 훈련이 아니라 반복적인 훈련으로 스스로 자신감을 가질 수 있도록 실제 훈련과 심상 훈련을 병행해야 한다. 오랜 시간을 연습하여 어떠한 상황에서도 흔들림 없이 완벽한 격파를 이룰 수 있겠다.

1) 자기 암시를 통한 격파의 피드백

전반적인 훈련을 통한 기술이 어느 정도 형성되었을 때 몸과 마음의 형태를 하나로 일치시키는 방법으로 반복적인 숙지와 실행으로 완벽한 격파를 할 수 있다.

격파에 대한 불안감을 떨쳐버리고 완파하는 생각을 머릿속에 그려본다. 단일 격파나 체공 상태에서 다단계 격파, 회전 격파에 성공적으로 이루어지는 장면을 머릿속에 그려본다. 원하는 지점에 격파하고 착지하여 완파하는 자신의 모습을 그린다.

(1 – A) 망설이거나 멈추지 않고 도움닫기를 할 수 있다.

격파의 시작은 도움닫기에서 시작하는 만큼 출발이 중요하다. 빠르게 추진력을 얻어 격파 동작을 시연할 건지 리듬박자를 더욱 살려 점프의 높이를 극대화시킬 것인지 정하고 자신있는 도움닫기를 한다.

(1 – B) 체공 상태에서 무게 중심을 잡을 수 있다.

체공 상태에서의 무게 중심은 완파에 결정적인 역할을 한다. 중심이동이 되어야 힘의 전환이 이루어지고 연속적인 동작을 수행할 수 있다.

(1 – C) 격파 기술을 성공적으로 수행할 수 있다.

손과 발을 체공 상태에서 원하는 목표를 향해 움직일 수 있다. 격파의 여러 가지 기술 요소를 선택하여 특성에 맞게 완벽한 격파를 할 수 있다.

(1 – D) 체공 상태의 격파 후 안전한 착지할 수 있다.

격파 동작을 수행하고 앞축을 이용하여 중심이 앞을 향해 안전한 착지가 이루어진다. 체공, 회전에 의한 형태별 착지를 완벽하게 할 수 있다.

03 격파의 루틴

스포츠 심리학자들은 거의 모든 종목의 훌륭한 선수들이 습관화된 동작을 하고 있고 이를 철저히 지킨다는 사실에 주목해왔다.

초급자나 중급자들이 훌륭한 선수가 되기 위하여 훌륭한 선수가 갖는 독특한 루틴을 갖는다면 그들의 특성 중의 하나를 배우게 되므로 그들의 실력과 가까워진다는 것을 의미한다.

훌륭한 선수들이 가지고 있는 루틴을 보고 자신의 루틴을 만들 수도 있다. 더욱 중요한 것은 자신에게 맞는 것, 즉 자신의 실력과 성격에 맞는 루틴 기법을 개발하는 것이다.

격파에 대한 습관화된 행동을 만들어 환경이 바뀌는 어떠한 상황에서도 흔들림 없이 일관된 동작을 표현할 수 있다. 즉 연습 때의 부담 없는 상황을 인위적으로 연습하고 만들어 최상의 환경에서 격파를 하도록 하는 방법이다.

1) 루틴(routine)

루틴[routine]은 댄스 용어로서, 일련의 일정한 댄스 스텝(step)으로, 피겨 조합의 순서를 정하고 그 순서에 따라 춤추는 것을 말한다. 다시 말해서 루틴은 습관화된 자기 동작의 일관성된 움직임을 할 수 있는 것이라고 말할 수 있다.

자신의 습관을 얼마만큼 학습된 행동으로 바꾸는가? 격파에서 완파로 이어질 수 있겠다고 할 수 있다. 여러 격파물에 대한 자신에 맞는 정확한 위치, 격파물가의 이동 거리 등을 항상 일정한 거리와 위치를 두고 반복된 훈련을 할 때는 그만큼 실수를 줄일 수 있으면 완파의 성공을 거둘 수 있겠다.

시범을 처음 하거나 큰 행사의 시범에서 심리적 부담을 이기지 못한 시연자들은 평소의 연습 습관을 잊고 지나치게 서두르는 경향을 볼 수 있다. 불안해지면 집중하지 못하고 서두르게 되며 이는 실수를 초래하여 완파하지 못하는 결과를 가져온다. 또한, 상대방과 호흡을 맞추어 시범을 구사하는 기술은 더욱더 상호 간의 연습 패턴에 맞추어 시범을 보여야 하므로 시범의 완성을 만들기 위해서는 그만큼 연습 패턴이 중요하다고 볼 수 있다. 바쁠수록 돌아가라는 말이 있듯이 하나하나 차례대로 순서에 맞게 습관화된 동작을 완성시켜야 한다.

루틴 = 불안감소 × 집중력 증대

격파할 때 시연자들은 습관적으로 일정하게 하는 동작을 루틴, 즉 습관적으로 일정하게 하는 동작이라고 한다. 시연자는 자신만의 독특한 습관을 자신도 모르는 사이에 정하고 이를 실제 시범에도 습관적으로 사용한다. 루틴을 지킬 수 있다면 시범이 주는 심리적 불안감을 극복하고 격파에만 집중하는 데 크게 도움을 줄 수 있다. 공식적인 표현 방법으로 "루틴 = 불안감소 × 집중력 증대"이다.

습관화된 행동의 중요성은 훌륭한 시연자들이 습관화된 행동을 개발해두고 시범에서 이를 철저히 지킨다는 사실에서 출발한다. 여러 연구에서도 습관화된 행동을 갖는 것이 그렇지 않은 것에 비해 훨씬 효과적이라는 사실도 밝혀졌다.[29]

1단계: 자기만의 자세를 잡는다.

자신감의 유무는 시범하기 전 자세와 밀접한 관계가 있다. 자신이 하겠다는

---

29) 김병준(2002). 알고 보면 쉬운 멘탈 트레이닝: 테니스. 서울: 무지개사. 김병준 교수는 테니스를 통해 멘탈 트레이닝 책을 발간하고 그 이후 멘탈에 관한 저서를 계속적으로 발간하고 있다. 동일한 기술 조건에서 멘탈이 승부에 미치는 영향이 크기 때문에 선수들은 필수 수련 방식으로 변모하고 있다. 격파도 주위 환경에 의해 많은 작용을 하기 때문에 완파를 하기 위해서는 습관된 행동으로 긴장감을 최소화하여 자기 기술을 발휘할 수 있다.

의지와 당당함이 몸으로 표현되는 것이며 이 자세는 동작의 완성과 연결될 수 있다. 두 발의 자세는 출발 시에 몸의 움직임을 자연스럽게 만들어줄 수 있는 자세를 유지한다. 이는 자세에서 도움닫기로 이어질 때 몸의 체중 이동, 도움닫기, 몸의 회전 등에 영향을 미치게 된다.

야구에서 흔히 볼 수 있는 동작의 하나로 투수나 타자들이 각기 다른 자세를 가지고 경기에 임하는 모습을 볼 수 있다. 습관화된 자세를 통해 긴장감을 낮추고 경기에 집중할 수 있는 능력을 향상시킬 수 있다.

2단계: 나의 기합은 똑같은 형태의 기합이다.

종목에 따른 기합이 다를 수 있으나 같은 격파 종류의 기합은 같은 음의 크기로 반복적인 연습을 통하여 어느 상황에서도 같은 기합을 넣을 수 있어야 한다.

관중들로 인하여 여러 가지 불안감과 긴장감이 극대화될 수 있다. 어떤 격파자는 수많은 관중들 앞에 너무 긴장한 나머지 위축이 되어 기합소리가 작은 한편 어떤 격파자는 너무 흥분한 나머지 기합을 너무 크게 소리내 이동과 격파에 무리를 주어 격파에 실패하는 경우가 종종 생긴다. 같은 기합을 하므로 연습 상황에서의 느낌은 격파의 실지 상황에서도 안정과 집중하는 데 도움을 줄 수 있다.

기합의 의미는 정신집중과 한곳에 기를 모아 폭팔적인 힘을 낼 수 있는 준비된 몸의 상태를 말한다. 심호흡을 통하여 긴장을 완화시킨 후 기합으로 할 수 있다는 자신감을 불러일으킨다.

3단계: 도움닫기의 특별한 움직임

나만의 지면 반력을 이용한 도움닫기를 만들자. 여러 격파 종목에 따라 다른 도움닫기가 필요하다. 하지만 같은 격파 종목의 도움닫기 리듬과 박자는 같아야 한다. 자기만의 패턴을 가지고 도움닫기를 통해 일정한 습관화된 자세를 만들도록 한다.

4단계: 격파 시 나만의 리듬을 갖는다.

격파에 필요한 자세 및 중요 포인트에 나만의 리듬 박자를 사용한다. "점프하여 고개 돌며 차기", "가위차기 주먹 하나 둘" 등과 같은 말을 반복하여 몸의 중심이동을 원활하게 할 수 있다.

이처럼 자신의 운동량과 심리 훈련으로 인하여 자신을 통제하에 있는 기술의 성공 여부는 전적으로 자신에게 달려있다. 따라서 자신의 루틴을 개발하여 프로그램이 수행되듯이 자동으로 이루어지도록 연습해야 한다. 난이도 기술에서도 자신의 동작을 미리 준비하여 결정해두면 심리적으로 실패확률에서 오는 부담을 줄이고 집중력을 높일 수 있다.

시범에서 완파가 될 수 있는 것은 자신의 노력 기술도 중요하지만, 습관된 연습이 실제 상황에서 얼마만큼 지켜지느냐에 달려있다.

04 격파의 멘탈 트레이닝

1) 격파의 반복적인 연습과 심리적 안정

기술이 우선적으로 받쳐주어야 관중이 있든 없든 완파로 이어지는 것이다. 또한 연습 때 실패가 많으면 실제 상황에서도 실패할 확률이 많은 것은 당연한 사실이다. 그러나 이러한 기본적인 상황을 알고도 실천하지 않고 격파에 들어가 완파를 원하는 격파자들을 종종 볼 수 있다.

매일 꾸준히 연습한다는 것은 쉽지 않다. 그만큼 자기와의 주어진 약속된 일들을 거르지 않고 수련한다는 것이다. 이러한 연습과정을 통하여 기술이 향상되는 것은 물론 심리적 안정을 가져온다.

심리적 안정은 그만큼 어떠한 상황에서도 정신을 집중하고 목표를 향해 도전할 수 있는 능력을 길러준다.

2) 격파의 자기주도 훈련

우리는 흔히 자기주도 학습이라는 내용의 효과를 많이 알고 있다.

자기주도 학습이란 학생 스스로가 능동적인 자세로 학습과정을 스스로 이끌어 나가는 학습활동으로 '자기조절학습', '자기교수', '자기구제학습' 등으로도 불린다. 교사의 도움과 관계없이 학생 스스로가 학습의 필요성을 인식하여 목표를 세우고, 학습을 위한 여러 자료를 확인한 다음 자신에게 알맞은 학습방법을 선택해서 실행한 후 그 학습결과를 평가하는 과정을 말한다. 학습의 필요성 인지에서부터 평가의 과정에 이르기까지 교사의 가르침에 의한 학습이 아니라 학생의 필요와 욕구에 의해 학생이 주체가 되어 이루어지는 학습활동이다.[30]

격파 훈련도 마찬가지로 지도자 또는 동료, 선배가 원해서 훈련하는 것은 그다지 크지 않으며 효과적이지 못하다.

격파는 고정되어있는 격파물을 격파하는 동작과 보조자 도움으로 격파하는 동작 2가지로 나뉜다.

대부분 보조자의 도움을 통하여 기술 격파하는 동작들이 많이 있다. 보조자는 격파의 성공률을 좌우하는 데 큰 역할을 한다는 것을 알 수 있다. 격파는 보조자와의 호흡을 통하여 성공적인 격파를 할 수 있다. 보조자는 선배, 후배가 아니라 성공의 지름길이다. 서로의 믿음이 심리적 상태에서 많은 영향을 준다.

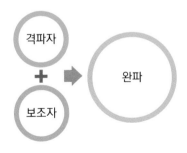

---

30) https://100.daum.net/encyclopedia/view/47XXXXXXb615(2019)

3) 격파의 자기관리

격파에서 자기관리는 무엇일까? 여러 가지로 나눌 수 있다. 시범이나 시합을 남기고 압박감과 불안감에 훈련을 무리하게 많이 연습하여 젖산을 상승시켜 피로도를 높여 실제 격파에서 실수를 하는 경우! 또는 술, 담배 등으로 인하여 체력저하 및 피로감을 높일 수 있는 행동을 하는 경우! 자기와의 약속을 어기는 경우 등을 들 수 있다.

격파의 성공률을 높이는 방법은 무엇인가? 목표물을 성공시키겠다는 믿음이 강한 격파자가 현실에서의 성공연습을 머릿속으로 되뇌이고 생각하는 연습을 통해 성공적인 격파를 할 수 있는 것이다. 또한 그냥 성공적인 격파가 아니라 구체적인 방안을 세부적으로 제시할 수 있는 능력이 생기고 그 능력은 격파 현장에서 발휘되는 것이다.

자기관리가 되어야 격파에서 요구하는 임팩트(마지막에 타격을 줄 수 있는) 있는 성공적 완파가 되는 것이다.

철저한 자기관리는 한순간에 목표를 세워 실행되는 것이 아니라 꾸준한 계획을 통해 실현가능한 목표를 성취하면서 실력도 향상되어 가는 것이다.

이미지 트레이닝을 통한 자기관리는 격파 훈련과도 밀접하게 연결되어 있으며 성공적인 격파로 이어질 수 있다.

4) 격파 실패 위기관리

격파 실패의 상황을 그려본다. 격파에서는 예기치 못하는 상황이 빈번히 일어난다. 노련한 격파자는 여러 상황에서도 늘 똑같은 실력을 발휘하지만 그렇지 않은 격파자는 여러 가지 대안의 상황을 미리 예측하고 연습하여 실전에 대비하는 위기관리 능력이 필요하다.

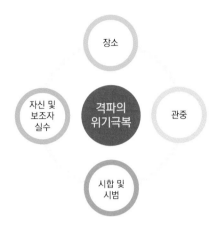

위기관리 예측 방법은 다음과 같다.

첫째, 장소에 따라 달라진다. 격파 장소가 운동장 지면이 흙이나 잔디일 경우, 실내 체육관의 지면이 마루일 경우, 연습하던 매트가 재질이 다른 경우, 연습하던 매트가 같은데 새 매트라 기름기가 있는 상태여서 미끄러지는 경우, 지면이 시멘트인 경우 등의 여러 환경에서 오는 격파의 실수를 예측해본다.

둘째, 관중에 따라 달라진다. 관중이 많이 모인 장소와 관중이 적게 모인 장소에 따라 다소 긴장감이 달라지기 때문이다. 또한 관중이 어린이, 청소년, 성인, 노인들의 분포도에 따라 격파의 긴장감은 다르며, 관중이 일반인, 태권도 전문인에 따라 격파의 분위기는 달라진다. 관중들이 격파하기 전 매너있게 격파물을 주시하고 있는 반면 그렇지 않은 경우가 종종 생긴다. 해외를 가보면 더욱 차이가 나는 경우가 있다. 기합을 따라한다든가 웃는 등 격파 직전 여러 가지의 방해요소의 잡음이 들릴 때가 많이 있다. 이러한 잡음이 귀에 거슬려 격파에 영향을 미치는 경우가 있지만 여러 가지 시끄러운 환경을 극복할 수 있는 상황을 심리적으로 이겨내도록 하며, 실제 시끄러운 음악이나, 관중 소리를 녹음에 활용하는 방안도 연습하여 대비한다.

셋째, 시합이나 시범에서의 격파 실패를 떠올린다. 도움닫기의 실수, 체공,

착지에서 실수 등 자신이 실수한 상황과 보조자가 실수한 상황으로 구분하여 지는 실수를 예측한다.

넷째, 자신 또는 보조자의 부상, 격파물이 없어지는 상황 등을 고려하여 여러 가지 방안을 모색한다.

이러한 격파에서 나올 수 있는 최악의 사태를 상정하여 미리 예측하고 해결방안책을 구상하면 그만큼 위기에 처해 있을 때 해결 능력이 탁월해져 성공적인 격파를 할 수 있을 것이다.

5) 실수의 피드백

대부분 실수는 남의 탓이나 환경의 탓으로 돌릴 수 있으나 피드백을 통하여 여러 가지의 실수를 줄일 수 있다.

실수의 피드백을 통한 심상 훈련은 더욱 구체적인 원인을 분석하고 실수에 대한 결점을 보완할 수 있는 방안 제시를 통하여 현장감을 살릴 수 있는 심상 훈련 또는 기술 훈련을 병행하여 수련할 수 있는 프로그램을 제시할 수 있다.

실수를 되풀이 하지 않고 기술을 발전시킬 수 있는 실수의 피드백은 격파에서 성공적인 성과를 낼 수 있을 것이다.

6) 격파의 긍정적 자기암시

긍정적 자기암시를 한다고 저절로 격파의 능력이 향상되는 것은 아니다.

긍정적 암시는 훈련의 전 영역과 연계되어야 한다. 신체 훈련을 충분히 하고 완벽하게 준비를 했다면 긍정적 자기암시로 자신감을 끌어올리고 긍정적인 결과가 나오게 한다. 신체 훈련을 하는 것과 마찬가지로 긍정적 자기암시를 하는 방법을 연습한다. 긍정적 자기암시를 수행에 포함시켜 긍정적 자기암시가 저절로 시합의 일부가 되게 한다. 또 긍정적 자기암시를 루틴의 일부로 만든다.[31]

격파에서의 실수로 인하여 "이 바보 멍청아 그것도 못 깨니", "다음 격파도 못 깨면 어떡해" 등의 부정적 자기암시는 또 다른 격파에서 실수로 이어질 수 있다.

긍정적인 자기암시는 "할 수 있다", "격파를 못 깨서 실수는 했지만 괜찮아!! 다음 격파에는 집중해서 잘해보자!"라는 등 긍정적인 생각과 암시로 집중력을 잃지 말아야 한다.

부정적인 암시는 자신의 격파뿐만 아니라 격파 전체를 망칠 수도 있으며 보조 역할까지 집중력이 흐트러져 상대방 격파에도 피해를 줄 수 있다.

2016년 브라질 리우 올림픽에서 펜싱 결승전 박상영 선수는 상대와 많은 점수 차로 지고 있는 상황에서 혼잣말로 "나는 할 수 있다"라고 되풀이 하는 입모양을 보여줬다. 과연 경기 결과는 어떻게 되었을까? 정말로 영화 같은 장면이 연출되어 올림픽 우승의 금메달을 목에 걸었다.

펜싱의 박상영 선수는 많은 점수 차로 지고 있는 상황에서도 침착한 자기암시를 통하여 위기를 극복하고 집중하여 이길 수 있는 긍정적인 힘을 발휘한 것이다.

격파에서도 할 수 있다는 자신감은 격파의 성공으로 이어질 수 있다. 그러나 평상시 긍정적 자기암시가 연습이 된 상태여야 시합에서도 그 진가는 발휘하는 것이다. 평상시 꾸준한 긍정적 자기암시와 기술 훈련을 통하여 성공적인 격파를 해야 한다.

---

31) 제니퍼 L. 엣나이어(2012). 강심장을 만드는 심리훈련.

국기원(2006). 국기태권도 교본. 서울: 오성출판사.

국기원(2007). 태권도3급 사범지도자 연수교재. 서울: 광진사.

국기원(2011). 태권도3급 태권도 지도자 연수교재. 서울: 예원기획.

국기원(2012). WTA 표준수련지침서. 서울: 아이씽크피앤디.

김병준(2002). 알고 보면 쉬운 멘탈 트레이닝: 테니스. 서울: 무지개사.

강성철(2015). 태권도 생체역학. 서울: 애니빅.

권오민, 장권, 최광근(2011). 태권도개론. 서울: 형성출판사.

이대형, 이용인, 권오석(2003). 초·중·고등학교 교사를 위한 체조지도서. 서울: 형설출판사.

이정규(2012). 태권도의 과학 서울: 상아기획.

용인대학교(2011). 웰리스센터 발차기 데이터 자료.

정청희, 김병준(1999). 스포츠 심리학의 이해. 서울: 금광.

제니퍼 L. 엣나이어(2012). 강심장을 만드는 심리훈련. 김병준 옮김. 서울: MSD미디어.

최영렬(1993). 태권도 시범론. 서울: 보경문화사.

한국체육과학연구원(1990). 경기훈련지도서 체조. 서울: 21세기 교육사.

naver 지식백과. 출처: 두산백과(2013.1.9.)

[네이버 지식백과] 뒤로구르기 [backward roll] (두산백과)

http://terms.naver.com/entry.nhn?docId=1230887&cid=40942&categoryId=32059
    2016.2.2.

다음 백과사전 https://100.daum.net/encyclopedia/view/47XXXXXXb615 2019.12.2.

SBS(2011) 무림고수는 있는가?

[동작 사진]
- 국가대표시범단원: 김윤수, 이승조, 김윤호, 김준영, 정성경, 이정렬
- 용인대학교 태권도학과생: 전필성, 강준재, 임희민, 김태민, 손범서, 임표, 김준철, 박인찬

부록

필자의 곽택용(2011) "태권도 시범의 공연예술로
서 가능성 탐색"이라는 박사 논문으로 그중 격파와
시범공연에 필요한 내용을 수정하여 담았다. 태권
도의 공연예술을 더욱 쉽게 이해하기 위함이다.

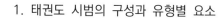

01 태권도 시범의 구성과 유형별 요소

1 태권도 시범의 구성과 이해

1) 태권도 시범의 개념

시범의 사전적 의미는 "모범적 틀을 보여줌으로써 기준을 삼는다"라고 말할 수 있으며, 격파는 위력 격파, 기술 격파의 두 부분으로 나눠지며 다양한 태권도 기술로 분리할 수 있다. 시범은 기술뿐만 아니라 실제 연기를 통해 관중들에게 직접 기술과 정신을 보여주는 활동이라 말할 수 있다.

태권도 시범은 다수의 관람자에게 태권도에 관한 전반적인 내용을 소개하고, 이를 여러 가지 시연을 통해 보여주는 활동이다. 태권도 시범은 다양한 태권도 기술뿐만 아니라 태권도 수련자의 기풍까지 포함되어 있어야 한다.[1]

태권도 기술의 시연을 넘어 예술적 승화의 단계까지 발전하게 되는 근본 이유는 태권도가 육체적 기술의 표현뿐만 아니라 태권도를 수련하는 과정에서 자아를 극복하고, 시범의 미적 아름다움을 보이면서 태권도의 모든 것을 총망라하여 관중에게 보여주는 종합적 예술형태이기 때문이다.[2]

시범에 대해 이규형(2005)은 일련의 체계화된 몸짓을 통해 이루어지기 때문에 홍보 면에서 인쇄매체보다 훨씬 큰 효과를 가져올 수 있다. "백문이 불여일견"

---

1) 국기원(2007). 3급 태권도 지도자 연수교재. p. 155.
2) 국기원(2011). 3급 태권도 지도자 연수교재. p. 564.

이란 말도 있듯이 아무리 말이나 글로 설명을 잘한다 해도 직접 행동으로 보여주는 것만은 못하다. 그런 의미에서 태권도 시범은 태권도가 무엇인지 직접 행동으로 보여줌으로써 태권도를 직접적으로 알리는 최고의 홍보수단이라고 할 수 있다.

따라서 태권도 시범을 통해 태권도에 내재되어 있는 무도성과 태권도 본연의 모습을 확인할 수 있을 뿐만 아니라 가장 중요한 바람직한 인격형성을 할 수 있을 것이라 사료된다.

시범 시연을 할 때 환경적 작용도 배재하지 않을 수 없다. 환경적 요인은 심리적인 위축을 가져올 수 있기 때문에 기술을 수련할 때 심상 훈련이 병행되어야 심리적인 안정을 도모하여 격파의 완벽성을 추구할 수 있다.

긴 시간의 수련을 통하여 힘과 근력이 길러지며, 정신을 집중하여 온몸의 기를 한곳에 모을 수 있는 능력을 키우게 된다. 시범의 기술은 하루도 빠짐없이 해야 하는 자신과의 싸움에서 시작되는 것이라고 볼 수 있다. 끈기와 패기, 목표가 있어야 단련과 고된 훈련의 과정을 견딜 수 있으며 이는 시범 기술의 완성을 이룬다.

2) 태권도 시범의 발전과정

많은 태권도 시범단이 활발하게 활동하면서 시범의 기술 또한 점차 발전하게 되는 계기가 되었다. 시범의 기술은 1980년대 후반까지만 해도 540° 회전을 하여 격파하는 발기술은 찾아볼 수 없었으나 기술의 향상과 시대의 요구에 따라 720° 회전 앞돌려차기 격파와 현재에는 900°의 회전 기술을 가진 발차기도 등장하게 되었다.[3] 기존의 태권도 시범 기술은 위력 격파와 단발형 격파로 한번 뛰어넘어 높이차기, 한번 뛰어넘어 옆차기, 한번 뛰어넘어 가위차기, 두꺼운 송판 뒤차기 격파, 벽돌, 기왓장, 대리석을 이용한 손날, 주먹 격파, 정확성을 위주로 한 머리 위 사과 격파, 손끝 송판 격파 등의 격파 기술이 주를 이루다가 현대에

---

3) 태권도 기술의 발전 형태를 알 수 있다. 곽택용·김중헌·김주연·임태희(2009). 전통무예 역사교육 신체학문에 관한 정체성을 탐구하다. 제14회 전통무예 시연회. 용인대학교 무도연구. p. 127.

이르러 체공 다단계적 많은 양의 격파 수와 회전력의 격파가 다양하게 발전되어 왔다.

새로운 시범 프로그램의 발전으로 여성호신술, 경호호신술, 태권체조, 스토리적 대립과 화합의 결투신 등이 새롭게 개발이 되었다. 한 예로 1대 다수와의 결투에서는 한 사람이 여러 사람을 상대로 태권도 동작을 사용하여 다수 사람들이 가지고 있는 격파물을 격파하여 기술의 다양성과 위력을 보일 수 있는 퍼포먼스의 새로운 시범 기술들이 탄생하였다. 또한 T−boys는 공연요소로도 충분한 춤과 노래, 태권도를 혼합한 서로의 대립구도에서 쌍방의 여러 가지 기술 동작의 배틀로 서로의 기량을 과시하고 나아가 화합하여 하나가 되는 이야기의 퍼포먼스를 연출하는 시범요소로 발전하고 있다.

기존 시범은 기술을 보인 후 다시 들어와 장비를 갖추고 격파물을 재정비하여 오와 열을 맞춘 후 다시 나가는 시범의 형태를 보였다. 나갔다 들어오는 시간과 재정비하는 시간으로 시범의 집중력과 다소 지루함을 보였으나 현재는 이러한 시범 문제점을 최소화하기 위해서 나갔다 들어오는 시간적 배경을 겹쳐서 나가고 들어오게 해 보는 사람으로 하여금 지루하지 않고 집중할 수 있는 시범의 형태로 변화하였다. 이러한 변화는 새롭고 창조적인 아이디어를 가진 지도자의 노력과 국가대표 시범단의 기술개발 의지에서 비롯된 것이라 할 수 있다.

시범의 기술이 다양하면서 난이도 높은 기량을 많이 보일수록 시범의 질이 높아지기 때문에 기존 기술을 꾸준히 연마하고 더불어 새롭고 다양한 기술들을 개발하려는 의지가 필요하다. 고난이도의 새롭고 다양한 기술은 기존 기술의 꾸준한 연마와 수련을 통한 탄탄한 기본기를 바탕으로 창의력 있는 아이디어를 접목하여 새로운 형태의 기술을 만들어내는 창조 정신을 근간으로 하고 있다. 그동안 태권도 시범은 장족의 발전을 함과 동시에 태권도 시범 기술의 한계점에 부딪히면서 방송매체와 공연물 쪽으로 관심을 새롭게 바꾸고 있다. 대한태권도협회에서 2008년 국가대표 시범단을 창단하면서 정통시범과 함께 공연 창작물을 통해 태권도의 발전과 새로운 방향 전환에 눈부신 활약을 하였다.[4]

현재의 태권도 시범은 태권도를 효과적으로 보이기 위하여 태권도의 기술의 변화를 요구하고 있다. 더 높이, 더 멀리, 체공 상태에서 더 많이, 더 많은 회전에 대한 요구와 이상의 실현의 스토리적 시범을 통하여 끊임없는 연구와 노력 끝에 날로 발전을 거듭하고 있다.

3) 태권도 시범의 구성과 유형

시범 프로그램은 <표 1, 2>에서 보는 바와 같이 1980년대 후반의 단순한 구성에서 시범 기술의 발달로 인해 2011년에는 다양한 기술들로 변화되고 있다는 것을 비교하여볼 수 있다.

현재에 이르기까지 태권도 시범은 태권도의 무도성을 중심으로 실전성과 화려함을 넘어 정신세계까지 표현하려는 다양한 시도와 노력들이 계속 이루어지고 있고 짧은 시간 안에 다양하게 변화하고 성장하여왔다.

시범은 기술의 변화뿐만 아니라 태권도를 통한 공연예술로 새롭게 변모를 시도하고 있다. 태권도를 수련자들에 국한하지 않고 대중과 호흡하며 즐길 수 있는 요소로서, 또한 여러 기술, 정신, 예의, 미적 행위의 몸동작의 동선을 이용하여 메시지를 전달하는 행위예술로서의 공연화가 시작되고 있다.

태권도의 구성 속에는 기술과 정신을 포함하는 내용들이 담겨있다. 기술만을 표현하는 것이 아니며 또한 그렇다고 정신적인 면만을 강조하는 시범 구성으로 되어있는 것이 아니다. 전반적인 시범 내용으로 태권도를 이해하고 내면적인 정신의 모습과 외형적인 모습이 조화되어 일련의 체계적인 행동으로 태권도의 본질을 한층 더 돋보이게 하는 것이다.

이를 통하여 태권도가 가지고 있는 구성을 잘 살려 공연예술로 변화되어 국내는 물론 세계화의 물결에 따라 한류열풍의 하나로 세계 속의 태권도이자 전 세계적으로 소통할 수 있는 태권도로 성장할 수 있는 토대를 마련할 수 있을 것이다.

---

4) 대한 태권도협회(2010.5.4.). http://www.koreataekwondo.org/

표 1. 1980년대 후반 시범 프로그램

순서	시범 내용	시범 성격	구분
1	기본 동작	손, 발 기본 동작	전체
2	고축	격파	개인
3	옆차기, 뒤차기	격파	개인 기술별
4	일렬 격파	여성 격파	개인
5	호신술(손)	호신술	호신 팀별
6	3방 앞차기		개인
7	장애물 옆차기		개인
8	3방 옆차기		개인
9	품새	3~8명 품새	품새 팀별
10	회축		개인
11	4방 회축		개인
12	사과 회축		개인
13	가위 3방		개인
14	고공 3방		개인
15	양발 고축	격파	개인
16	호신술(칼)	호신술	호신술 팀별
17	4방 손 격파	위력 격파	개인
18	손날	위력 격파	개인
19	주가리	격파	개인
20	회전 돌려차기	격파	개인
21	품새	품새	개인
22	위력 격파	위력 격파	개인 · 종목별
23	8방 회축	격파	개인
24	권총	호신술	호신술 팀별
25	시범 겨루기	겨루기	2인 겨루기

출처: 국기원(2008).

표 2. 2011년 시범 프로그램

순서	시범 내용	시범 성격	구분
1	신화 기본 동작	기본 동작	전체
2	장애물 넘어 이단 옆차기 격파, 이단 앞차기 격파, 양발 앞차기 격파	격파	개인 · 종목별
3	여성 수직 4단계, 여성 일렬 격파	여성 격파	개인 · 종목별
4	발 위력 격파	위력 격파	개인 · 종목별
5	장애물 딛고 돌려차기, 장애물 딛고 돌개차기 격파	고공 격파	개인 · 종목별
6	태권체조	태권체조	팀별
7	일렬 대형 속도 격파	일렬 스피드 격파	개인
8	사람 넘어 주먹 격파 후 낙법, 멀리 뛰어 주먹 격파 후 낙법	장애물 격파	개인 · 종목별
9	유단자 품새(고려, 비상)	품새, 창작	팀별
10	등 밟고 역회전 격파, 장애물 밟고 앞차기 3단계 격파	몸 밟고 격파	개인 · 종목별
11	타깃차기	타깃차기	팀별
12	호신 약속 겨루기	호신술	팀별
13	옆차기 3단계, 돌려차기 3단계, 가위차기 5단계		개인 · 종목별
14	T-boys	단체 동작	팀별
15	여성 호신술	여성 호신	팀별
16	공중 돌려차기 1, 2, 3단계, 장애물 딛고 공중회전 격파	연속 격파	개인
17	사과 던져 공중회전 격파, 공중회전 양발 사과 격파, 공중회전 외발 칼끝 사과 격파, 눈 가리고 사과 540° 뒤 후려차기 후 공중회전 격파	수평축 회전 격파 정확성 격파	개인 · 종목별
18	540° 뒤 후려차기 1, 2, 3단계	회전 격파	개인 · 종목별
19	900° 뒤 후려차기, 720° 돌개차기, 역회전 돌려차기 격파, 벨트, 하우스벨트 격파	회전 격파	개인 · 종목별
20	10회 연속 뒤 후려차기 격파, 9회 연속 돌개차고, 540° 뒤 후려차기 격파	회전 격파	개인

21	움직임 다방향 격파	다방향 격파	개인
22	고단자 품새(천 권), 손 위력 격파	품새, 위력 격파	개인
23	장애물 딛고 공중회전 2단계 앞차기 격파, 축전 외발 회전 격파	고공 격파	개인 · 종목별
24	연합 동작	기본 동작	전체

출처: 대한 태권도협회 국가대표 시범단(2011).

표 3. 2019년 시범 프로그램

순서	시범 내용
1	2019 Opening
2	뛰어 앞차기 격파 사람 넘어 뛰어 옆차기 격파 양발 고축 앞차기 격파 여성 연속기 격파 여성 일렬 격파 사람 넘어 낙법 격파 사람 넘어 역회전 돌개차기 격파 옆차기 3단계 격파 돌려차기 3단계 격파 가위차기 5단계 격파
3	고려 품새
4	위력 격파
5	단체 자유품새
6	벨트 4방향 격파 하우트 턴 격파 역회전 돌개차기 격파 역회전 돌개차기 2바퀴 격파 측전 후 뒤공중 회전 앞차기 격파 측전 백핸드 후 뒤 공중회전 앞차기 격파

	역 뒤 공중 회전 앞차기 투척 격파
	제자리 뒤 공중 회전 앞차기 투척 격파
	장애물 딛고 투척 뒤 공중회전 앞차기 격파
	장애물 딛고 역 비틀어 훌 투척 격파
	540° 뒤 후려차기 3단계 격파
	720° 돌개차기 3단계 격파
	900° 뒤 후려차기 격파
	8회 연속 턴차기 후 옆돌기 후 하이퍼 훅 격파
7	KTA World
	다방향 격파
	장애물 딛고 앞차기 격파
	장애물 딛고 돌려차기 격파
	장애물 딛고 뛰어 옆차기 격파
	장애물 딛고 역 뒤 공중 회전 앞차기 투척 격파
8	단체 태백품새
9	개인 자유품새
10	호신술
11	눈 가리고 격파
12	장애물 딛고 돌려차기 격파
	장애물 딛고 720° 돌개차기 격파
	장애물 딛고 역 뒤 공중회전 앞차기 3단계 격파
	장애물 딛고 앞차기 3단계 후 돌려차기 격파
	장애물 딛고 비틀어 훌턴 3단계 격파
13	아리랑+애국가

출처: 대한 태권도협회 국가대표 시범단(2019).

2 기본 동작으로 이루어진 무도적 품새

태권도 기술을 분해했을 때, 더 이상 나눠지지 않는 동작의 최소 단위를 '태권도의 기본'이라 정의한다.[5] 태권도의 기본 동작은 가장 기본이 되는 손기술과 발기술을 동작을 의미한다. 또한 태권도 기술 체계의 공방기술 동작을 하기 위한 수단으로 가장 기본이 되는 동작이다. 2010년도의 태권도 기술용어집에서의 기본 동작을 요약하면 다음과 같다.

- 사용 부위 분류: 사용 부위는 기술마다 다르다.
- 방법 분류: 방법은 모양, 동작, 방향으로 구분한다.
- 기술 분류: 기술 분류는 기술과 보조 기술로 분류한다.

위 기술들의 사용 부위 분류, 방법 분류, 기술 분류 3가지의 형태로 기본 동작을 분류할 수 있다.

표 4. 사용 부위 분류

막기	바깥팔목, 안팔목, 등팔목, 굽힌손목, 앞축, 발등, 발날, 발날등, 발바닥, 정강이
지르기	주먹, 편주먹, 밤주먹, 집게밤주먹
찌르기	편손끝, 가위손끝, 한손끝, 모은 두손끝, 모은 세손끝
찍기	모둠손끝
치기	등주먹, 메주먹, 손날, 손등, 곰손, 바탕손, 굽힌손목, 아금손, 집게손, 팔굽, 무릎
차기	앞축, 뒤축, 발끝, 발날, 발날등, 뒤꿈치, 발바닥, 발등

출처: 태권도 기술용어집(2010).

---

5) 국기원(2010). 태권도 기술용어집.

📑 표 5. 방법 분류

모양	팔	가위, 금강, 날개, ㄷ자, 멍에, 바위, 산틀, 외산틀, 제비품, 쳇다리, 태산, 표적, 황소
	다리	가위, 곁다리, 반달, 학다리
동작	팔	올려, 내려, 돌려, 엎어, 젖혀, 세워, 헤쳐, (손바닥)거들어, 걸어, 엇걸어, 당겨, 밀어, 걷어, 받아, 눌러
	다리	걸어, 낚아, 내려, 돌려, 들어, 디뎌, 뛰어, 밀어, 밟아, 뻗어, 제자리, 짓 찧어
	몸	굴러, 넘어, 돌아, 숙여, 젖혀, 틀어, 비틀어

출처: 태권도 기술용어집(2010).

📑 표 6. 기술 분류

기술	꺾기, 넘기기, 막기, 빼기, 지르기, 찌르기, 찍기, 차기, 치기, 피하기
보조 기술	딛기, 뛰기, 밀기, 서기, 잡기

출처: 태권도 기술용어집(2010).

　　품새라는 용어는 '품'과 '새'의 합성어로서 순수한 우리말이다. 품은 불완전 명사로서 동사 밑에 붙어서 그 동작이나 모양, 됨됨이 등을 나타내는 말이며 새 는 모양새, 맵시, 꼴 등을 의미한다.[6] 품새는 기본 동작의 공격과 방어 기술을 형식(틀)에 맞추어 지도자 없이 수련할 수 있도록 이어놓은 동작이다. 품새의 체계는 쉬운 것부터 어려운 것으로, 단순한 것부터 복잡한 것으로 만들어졌으 며, 수련을 통해 정신수양과 신체의 건강, 호신력을 기를 수 있는 과학적인 기술 의 결정체이다.

　　품새에서 예절(禮節)의 원리는 그 시작의 처음과 마무리 끝에서 잘 보여준 다. 태권도 품새를 시작할 때 예를 표하고 모든 품새가 끝나고 나서 다시 예를

---

6) 이규형·송형석·배형상(2005). 태권도란 무엇인가. p. 50.

표하는 것으로 품새는 마무리된다. 이와 같이 태권도 품새에서 예는 기본(基本)이라고 할 수 있다.

예의 원리는 태권도 정신에서 강조된 것으로서 품새 수련을 통해 수련자 자신을 일깨우는 것이다. 태권도 품새 수행 시 잘하고 못함이나, 단수에 상관없이 품새 수련자는 예의를 표하게 된다. 이것은 겸손을 수양하는 기회로 삼을 수 있는 것이다.

양진방(2006)은 품새는 원리가 포함되어야 한다고 주장하고 있다. 기본적으로 품새는 방어와 공격으로 이어지는 원리를 지향한다. 이를 공방원리라 하는데, 태권도 품새의 기술과 동작은 공방원리 외에도 강유(剛柔), 허실(虛實)의 원리로 설명가능하다.

태권도에서 강유(剛柔)는 두 가지 원리로 설명된다. 하나는 동작의 강유이고, 다른 하나는 대련의 강유이다. 형의 연습과 실제 대련에서도 마찬가지로 강유는 상대방을 이기는 공방의 기술 원리로 풀이할 수 있다.

동작의 강함과 부드러움의 조화는 필연적이다. 강함만이 있으면 부러지며 그 힘을 발휘하지 못하고 부드러움만 있으면 힘이 없다. 부드러움 속에 강함이 있고, 강함 속에 부드러움이 있는 것이다.

인간 운동의 특성 속에는 허실의 교차적 변화 역시 매우 뚜렷하게 드러나는데, 허는 힘이 빠진 상태이며 실은 힘이 실린 상태이다. 이러한 허의 빈 공간을 실로 공격할 때 작은 힘이 큰 힘이 되어 상대방에게 타격으로 이루어진다.

김용옥(1990)은 겨루기의 성공사례들이 품새로 정형화되며, 품새는 겨루기의 권위를 향유한다. 원래 겨루기는 실제의 역동성에만 대처하는 것이며 권위를 거부하는 것이다. 품새는 실제감의 역동성이 없기 때문에 상대와 겨룸에서의 의미는 다르다고 해석하고 있다.

품새는 크게 유급자 품새와 유단자 품새로 나뉘는데 유급자 품새인 태극 품새는 태극 1장에서 태극 8장까지 품새가 있으며, 유단자 품새는 고려(高麗), 금강(金剛), 태백(太白), 평원(平原), 십진(十進), 지태(地跆), 천권(天拳), 한수(寒

水), 일여(一如) 등 9가지 품새로 구성되어있다.

품새는 공격과 방어의 기술을 규정된 형식에 틀에 맞추어 혼자 수련할 수 있도록 이어놓은 동작이다.[7] 품새 선을 중심으로 틀에 맞게 반복적인 수련의 의미를 가지고 있다. 처음에는 미완성의 동작을 하지만 반복적인 수련으로 차츰 품새에서의 추구하는 품새 선의 바른 길의 동작 완성이 만들어진다. 흐트러짐 없는 몸의 중심이동, 느림과 빠름의 조절인 속도의 완급, 강한 힘과 부드러움에서 힘의 강유를 느낄 수 있다.

품새 수련은 자신이 정해 놓은 예측가능한 상대와 싸우는 기술이다. 이와 다른 한편으로는 자신 스스로를 단련시키고 극복하는 수련체계로 정신과 기술을 조절할 수 있는 능력을 가져다주는 수련방법이다. 반복의 수련은 기술의 우위를 보일 수 있으나 자칫 흥미와 실전성을 잃을 수 있는 위험성도 포함되어있다. 즉 실전과 같은 생각으로 수련에서의 땀방울이 있어야 품새에서 요구하는 완성에 이를 수 있다고 하겠다. 이는 자신과의 싸움에서 이기는 것이요, 곧 수련을 통해 자신의 감정을 통제하고 실행하고자 하는 것에 정신을 집중할 수 있는 자제력과 집중력을 기른다고 할 수 있다.

3 스포츠적 특성의 겨루기

겨루기의 어원은 겨루다의 명사형으로 "서로 버티어 힘과 기를 견주어본다"라는 뜻을 의미하며, 손과 발을 이용하여 상대방을 공격하거나 상대의 공격으로부터 자신을 방어 또는 역습하는 형태를 말한다.

겨루기는 순발력, 힘, 정확성, 발놀림, 타이밍, 거리 조절능력, 반응능력, 예측, 심리상태 등에 의해서 기술의 수행 능력이 결정된다. 발놀림과 차기, 밀기, 지르기 기술의 조화로 몸의 움직임을 부드럽고 자연스럽게 하여 힘을 전달하고

---

7) 국기원(2006). 태권도 교본. p. 214.

적시에 상대를 타격하는 것이 이상적인 겨루기 기술이다.

겨루기는 상대의 움직이는 동작 여하에 따라 자신의 기술이 결정되므로 순발력, 민첩성, 유연성 등의 체력과 다양한 기본 기술, 응용 기술 등 정신력이 요구되며, 자신이 가지고 있는 공격, 방어, 방격 기술을 적절하게 사용해야 하고, 기술 체력뿐만 아니라 강한 의지, 집중, 목표의 정신력도 요구된다.

스티븐(1998)은 스포츠화를 일본 무도의 사무라이의 전국시대 동안 지속되었던 군사 훈련은 평화 시대에는 더 이상 생사를 걸 만큼 중요한 문제가 아니었고 단지 사무라이가 선택할 수 있는 많은 삶의 방식 중의 하나일 뿐이었다. 그리고 비록 무도 정신과 무술들이 준(準)군사적인 훈련으로서 지속되었지만 평화 시기에 그 필요성과 가치는 변해가야만 했고 무도는 다른 목적으로 수행되어졌으며 주로 자기개발의 수단으로서나 스포츠로 변형되었다.

겨루기의 훈련 목적은 실전 지향성으로 실제 전투를 위한 신체적, 정신적, 기술적인 군사 훈련으로 용감하게 싸우고 상관과 나라에 충성하는 것이었으나 시대의 흐름에 따라 훈련 목적의 변화가 되어 스포츠(Sport)나 자기 자신의 수행의 수련으로 변형되었다.

태권도는 검도와 같은 수련관의 변화가 이루어졌다. 일격필살의 격투기의 의미에서 시대의 흐름에 따라 보호 장비 착용 후 타격을 하는 태권도 경기화가 시작되었다. 경기화된 태권도는 일정한 규칙의 테두리에서 행하여지며 경기 득점 방식의 기술을 익혀 상대방에게 전달하는 것이다.

단순한 태권도 기본 기술을 익힌다고 겨루기의 실전이 이루어지는 것은 아니다. 겨루기의 기본기 습득 단계를 거쳐 기술의 습득 단계인 기술 완성을 가져온다.

기술 완성의 다음 단계는 겨룸에서 움직이는 상대방에게 타격하는 손, 발의 기술이라고 하겠다. 기술이 득점 부위 타격을 했을 때 비로소 완벽성이라는 획득의 성취감을 느낄 수 있다. 이러한 기술의 완벽성을 이루기 위해서는 보이지 않는 정신이 겨루기 속에 내재되어 있다는 것을 우리는 인식하지 못한 채 결과주의적 승·패의 구도적 의미에 주안점을 두고 있다.

태권도의 경기화가 시작되자 전통적 태권도 기술과는 다른 많은 기술적 변화가 나타나게 되었다. 먼저 손기술 중심의 품새 기술과는 달리 경기 기술은 발기술을 중심으로 발전하였다. 발기술 그 자체에 있어서도 전통적으로 해오던 운동 형태와는 다른 새로운 기술적 변화가 나타났으며, 무엇보다도 전통적 기술에서는 볼 수 없었던 새로운 발기술들이 계속해서 개발되기 시작하였다.8)

겨루기 중심전환의 기술 체계는 1977년(김형묵)부터 시작된 경기 기술에 대한 연구들이 이루어지면서 경기 기술 사용에 대한 고민이 나타나기 시작하였고 경기 겨루기(이동수, 1977; 박천재, 1985; 손천백, 1990; 이승국, 1983; 김세혁, 1993; 정국현, 이경명, 1994; 전정우, 김경지, 최영렬, 방영진, 김형돈,1998; 최영렬, 1998; 임신자, 2005)의 기술에 대한 종합적이고 체계적인 접근을 시도하였다. 겨루기는 기술적인 전술과 발놀림 등의 전술적 기술 체계의 접근을 보였다고 할 수 있겠다.

1950년대와 1960년대의 태권도의 기술은 주로 앞차기, 돌려차기, 옆차기의 단순적인 동작으로 상대방과의 겨루기에서 발차기가 주를 이루었다. 이 기술은 주로 품새에서의 발차기 기술로 겨루기에서의 발기술과 품새에서의 발기술은 큰 차이점을 보이지 않고 있다. 황기(1958), 박철희(1958), 최홍희(1966), 이원국(1969)의 구 교본을 토대로 발차기 표를 보면 다음과 같다.

---

8) 곽택용(2007). 태권도 경기시술 용어 변천과 사용실태. p. 115.

📄 표 7. 구 교본 발차기

황기(1958)	박철희(1958)	최홍희(1966)	이원국(1969)
앞차기	앞차기	앞차기	앞차기
돌려차기	돌려차기	돌려차기	돌려차기
옆 뻗어차기	옆차기	옆차기	옆차기
뒤차기		뒤로차기	
앞올리기		앞올리기	
옆올리기		옆올리기	
차기			
발로밀기		차밀기	
옆차기			
뛰어차기 두발차기 쌍발차기 거푸차기 무릎치기		이단 옆차기 이단 돌려차기 이단 높이차기 연속차기 무릎차기	이단 앞차기 이단 옆차기

출처: 곽택용(2007).

📄 표 8. 주요 연구논문 및 겨루기 교본에 나타나는 발딛기 용어

이승국 (1983)	이승국 (1984)	정락희 외 (1985)	김세혁 (1993)	임신자 (1993)	정국현 (1994)	최영렬 외 (1998)
스텝	스텝	스텝	발놀림	스텝	짓기	스텝(발놀림)
발 바꿔	발 바꿔 스텝	발 바꿔 스텝	발 바꿔 품 바꿔	제자리 품 바꾸기		자세 바꿔주는 스텝
	전진스텝	전진스텝	같이 앞걸음, 끌어걸음	발붙여, 끌어, 빠른 발	나가짓기 (두 발 동시 이동 동작), 끌어짓기	두 발 동시에 나가는 스텝, 발붙여 나가는 스텝

	전진 1보 스텝	1보 전진 스텝	앞걸음	1보 전진	나가짓기 (앞발축 이동 동작)	앞발이 축이 되어 한 걸음 나가는 스텝
빠른 발 스텝	빠른 발 스텝	빠른 발 스텝	빠른 발걸음 *빼 앞걸음	2보 전진		발 바꿔 나가는 스텝, 빠른 걸음으로 나가는 스텝
	좌우측 발주고 스텝	좌우 뒷발 주고 스텝				
	컷스텝		뒷발 들어 걸음, 앞발 들어 걸음			앞발을 들고 나가는 스텝, 뒷발을 들고 나가는 스텝
	180° 돌아 스텝	180° 돌아 스텝	반 돌아걸음 *온 돌아걸음	180° 회전	뒤돌아짓기	뒤돌아나가는 스텝
	후진스텝	후진스텝	같이 뒷걸음	뒷발빼기	물러짓기 (두 발 동시 이동 동작)	두 발 동시에 뒤로 빠지는 스텝, 뒷발 들고 뒤로 빠지는 스텝
	후진 1보 스텝	1보 후진스텝	뒷걸음	앞발빼기	물러짓기 (뒤발축 이동 동작)	뒷발이 축이 되어 한걸음 뒤로 빠지는 스텝
			몸 틀어			
				교차하며 빼기		
끌어스텝 뛰어스텝 후진스텝	찬발 뒤로 빼서 스텝					
	뒤로 빠지는 스텝					
	좌우로 빠지는 스텝					
			옆걸음	좌우 옆으로 빠지면서	비켜짓기	옆으로 움직여주는 스텝 (사이드 스텝)
		끌어, 뛰어 따라가며, 빠지면서	반 뒤돌아			

출처: 곽택용(2007).

태권도 경기를 통해서 나타난 가장 중요한 기술 분야 중의 하나는 발딛기 (step)[9]이다. 경기화 이전의 태권도 기술에서는 자세로 분류되는 앞굽이, 뒷굽 이, 주춤서기 등 서기와 품새 연무에 나타나는 서기 간의 이동에 사용되는 보법 이 있을 뿐이었다. 그러나 경기화를 통해서 발차기를 주로 사용하는 공방에서 거리조절과 양발을 자유로이 차기에 사용할 수 있게 하기 위해서 필요한 다양한 발딛기가 등장하게 되었고, 이 발딛기가 태권도 겨루기의 기술적 특성을 결정하 는 데 중요한 기술적 요소가 되었다.[10] 주요 연구논문 및 겨루기 교본에 나타나 는 발딛기 용어는 다음과 <표 8>과 같다.

곽택용(2007)은 근래에 와서 다양한 발딛기(step)와 더불어 응용되는 기술 의 난이도 발차기들을 사용해왔다. 나래차기, 돌개차기, 발붙여 차기, 발붙여 내 려차기, 받아차기 등의 새로운 기술들이 실제 겨루기 경기에서 많이 사용되고 있다.

50~60년대의 품새에서의 발차기 기술과 경기 겨루기에서 발기술이 현재에 서는 많이 상이한 기술로 발전을 보이고 있으며 발딛기를 기본으로 한 응용 발 차기 기술로서 화려하고 빠른 스피드의 연속적 공·방 기술의 새로운 발차기 기 술이 탄생하게 되었다. 새로운 발차기 기술의 개발은 발차기 기술의 다양성을 증대시키는 동시에 새로운 기술 체계로 태권도만이 가지고 있는 창의적이며 독 창적인 기본 기술 요소로 자리 잡았다. 실제 경기에 사용되어 타 무술과의 차이 점을 확연히 볼 수 있으며 동작의 스피드, 파워, 움직임의 균형, 연결 형태를 보 더라도 자연스러움 속에 최고의 파워있는 동작이 나올 수 있는 태권도만의 기술 체계가 성립되었다고 할 수 있다.

다른 무술에서 볼 수 없었던 동작들이 태권도 경기화를 통하여 나래차기, 돌 개차기, 발붙여 차기, 발붙여 내려차기 등 기술이 새롭게 탄생하였다. 이러한 기

---

9) 발딛기라는 용어는 여러 가지 형태의 말로 발놀림, 짓기, Step 등으로 쓰이고 있으며 2010 용어정립을 통하여 발딛기로 명칭하였다. 하지만 전 세계적으로는 Step이라는 용어 가 대중적으로 쓰이고 있는 현실이다.
10) 곽택용(2007). 앞의 책. p.123.

술을 공연적 요소로 활용하여 공격·받아차기, 단일공격, 연속공격, 단일 받아차기, 받아차고 역습공격 등의 다양한 형태로 혼합시켜 공연적 요소에 맞게 변형하여야 한다.

📑 표 9. 경기 기술의 발차기

	50~60년대 발기술	현재의 발기술
겨루기 기술	발기술은 주로 앞차기, 돌려차기, 옆차기 기술을 이용한 차기가 주를 이루고 있었다.	다양한 발놀림과 나래차기, 돌개차기, 발붙여 차기, 발붙여 내려차기, 받아차기 등의 응용 기술들이 실제 경기에서 많이 사용되고 있다.

태권도가 가지고 있는 차별화된 발차기 기술의 밑바탕은 발 딛기라는 발의 움직임이 경기화를 통하여 생겨났다. 딛기 형태가 다른 모습으로 상대방 동작에 즉각적으로 반응할 수 있으며, 상대방의 동작을 예측하고 때론 상대방 동작이 나오도록 페인트 모션으로 상대방을 속이기도 하는 발딛기(step) 기술을 통하여 공·방 형태의 기술을 자유롭게 구사할 수 있는 움직임의 발딛기가 새롭게 나타나 신체의 몸 쓰기와 함께 움직임을 더욱 자연스러우면서 빠른 이동과 힘을 전달할 수 있는 형태로 변화하였다.

작은 공간에도 적절하게 움직임의 표현과 태권도 기술을 보일 수 있으며, 보이는 아름다움과 실용성의 타격 기술을 함께 표현할 수 있는 스포츠적 겨루기의 사실적 표현방법이 곧 태권도의 무예적인 공연요소로 적합할 수 있겠다.

경기 겨루기는 충분한 공연예술을 하기 위한 소재로 손기술과 발기술로 나뉠 수 있으며, 손과 발 기술을 통한 몸쓰기와 발딛기를 이용한 여러 가지의 기술을 혼합하여 응용할 수 있는 겨루기는 공연요소로도 중요한 소재임을 나타내고 있다.

4 호신술

호신술(self defence)이란 몸을 보호하는 기술이라는 의미이다. 그런데 일반적으로 몸을 보호한다고 하면 방어 개념을 먼저 떠올리는 것이다. 또한 위험한 상황을 안전하게 벗어나는 것으로 방어는 때로는 공격이 될 수 있으며 공격을 위한 방어가 될 수 있는 것이 호신술이다.

몸을 보호한다는 것은 수동적인 모습을 의미하지 않는다. 적극적인 공격이 보호의 핵심이 될 수 있다는 것이다. 호신술은 거리상으로 볼 때 무척이나 고수적인 개념이 아닐 수 없다. 일반인들이 흔히 알고 있는 호신술의 개념 중에는 꺾기나 비틀기 등 상황 대처술 중 일부만이 인식되고 있다. 이러한 기술은 무(武)적인 개념 중에 무척이나 고수적인 차원에 속한 것들이 된다. 왜냐하면 타격 거리상으로 보더라도 발과 손, 무릎과 팔꿈치의 타격 거리를 지나 서로 붙은 상태에서 일어나는 상황이기 때문이다.[11] 우선적으로 태권도에서 나오는 손동작과 발동작의 타격으로 상대방과의 거리에서 유용하게 쓰이며, 상대방과 붙어 있어 유효타격 거리가 나오지 않을 시에는 꺾기나 비틀기로 상황에 대처를 해야 한다.

인간은 언제 어디서나 뜻밖의 위험에 당면하게 되는 경우가 있다. 이럴 때 순간적으로 그 상황에서 벗어나려면 상대가 한 사람이든 다수이든 간에 상대를 제압할 수 있는 능력이 필요하다. 호신술은 대인 간의 호신을 목표로 하며, 그것이 상대방의 공격이나 다수의 공격으로부터 자신을 보호하려는 욕구의 표현이다. 그러므로 상대방이 잡기, 치기, 차기, 찌르기, 지르기 등의 공격 기술이 작용할 때 순간적으로 피하기, 메치기, 꺾기, 비틀기 등을 행사하고 동시에 일격으로 손과 발의 기술로 상대방을 제압하는 것이 호신법이다.[12]

---

11) 태권도의 타격 기술은 손과 발로의 타격이 먼저 선행이 된 후에야 꺾기, 넘기기 기술이 들어갈 수 있다고 정의하고 있다. 정성기(2004). p. 26.

12) 최영렬(2008). 태권도 시범. p. 482.

한때 호신술은 무술을 배우는 군인이나 학생 또는 검찰, 경찰, 경찰의 수행에 한정되어있었지만, 오늘날의 호신술 훈련은 폭력범죄의 증가로 사람들의 관심이 증가하면서 대중적인 관심을 모으게 되었다.

태권도를 비롯한 무예에서는 몸을 보호하기 위한 체기(體技)로서 호신술이 있다. 태권도에서 호신술이란 기본 동작, 품새, 격파, 겨루기와 함께 태권도 구성요소 가운데 하나이다. 태권도의 모든 체계가 바로 호신용으로 적용될 수 있으며 응용 동작으로 상대방과의 상황적 전술 훈련 연습을 통하여 자신을 보호할 수 있게 된다. 이는 자신감으로 이어져 적극적인 생활자세와 신체단련을 통한 건강한 몸가짐을 갖추게 되며 정신수양에도 그 의의가 있다.

무예의 특성은 공격과 방어의 기술 체계이나 공격은 방어를 전제로 하며 태권도에서는 공격적인 면보다는 방어적인 면을 가르치고 항시 예시예종으로 시작의 예의와 끝남의 예를 가지게 하여 남을 해칠 수 있는 무술 동작에 정신의 자세를 함께 수련하도록 한 것이며, 이는 무예의 본질이자 정신이라 하겠다.

다시 말해 방어를 위한 공격이란 무예정신에 입각한 정의(正義), 약자를 위해 정정당당하게 또는 정당방위 등 전제 조건을 이루며 살상적 무기술인 체기(體技)가 체(體)이고, 그 쓰임이 용(用)의 관계에서 무예의 길은 체용(體用)이 무예의 바른 정신에 근거 지워지고 있다. 전통적 동양적 사고방식에 의하면 측은지심(惻隱之心), 시비지심(是非之心)을 용(用)의 준거로 삼을 수 있으며, 살법이 아닌 생명을 살리는 활법(活法)이 바로 무예의 본질이며 정신이라 하겠다.13)

최근 한국 사회에선 지속적인 경제성장에 따른 급격한 사회변동으로 범죄문제에 대한 사회적 관심이 크게 증가하고 있다. 특히 최근에는 여성을 상대로 한 폭력이 증가하여 이른바 '성폭력' 문제가 심각한 사회문제로 대두되고 있다. 그 가운데서도 특히 강간을 비롯한 여러 유형의 폭력에 대한 우려와 함께 이에 대한 적극적인 대책의 필요성이 제기된다. 폭력문제 해결방안을 모색함에 있어 보

---

13) 무예의 제일 원리는 호신에 있고, 그 기술성을 바탕으로 무예정신이 있다. 정재환(2008).
태권도 시범의 미적 가치 탐색. p. 109.

다 구체적인 유형으로 폭력행위의 발생가능성을 사전에 예방하고, 또 그러한 행위가 임박하거나 임박가능한 상황을 중심으로 피해를 최소화하기 위하여 잠재적 피해자들이 고려해야 하거나 취할 수 있는 방법들에 대한 체계적인 태권도 호신교육이 필요하다. 이러한 교육은 결국 피해를 줄일 수 있는 다양한 방안들을 가지고 잠재적 피해자인 자신과 타인을 보호하는 데 기여할 수 있도록 하는 것이 그 기본의 목적이다.[14]

일반적으로 성폭력에서 가해자들은 어린이처럼 힘이 약하고 접근하기가 쉬운 대상을 목표로 삼기 쉽다. 강간 범죄자들의 압도적인 다수는 신체적 혹은 심리적인 측면에서 일반인과 확연하게 다르지 않다. 얼굴이 못생기고 비호감적인 사람만이 대상이 될 수 없다. 혹 이 중에는 유명 연예인처럼 잘생긴 사람도 있다. 이런 사람들은 친절하고 통상적인 대화로 접근하는 것이 일반적인 특징이라고 볼 수 있다.

어린이와 여성의 힘은 한계가 있기 때문에 일반적으로 성인 남성의 힘을 당해낼 수 있는 방어대치는 어려움이 따른다. 그러므로 예방하기 위한 대처법이 무엇보다 중요하다고 본다. 주위를 경계하는 습관을 기르고 모르는 사람의 접근을 미리 막고 저항하며 확고한 거부 표현을 하는 데 집중해야 한다. 상대방의 말에 단호한 말과 심리적 저항은 자신이 부적절한 희생자라는 것을 나타내는 데 효과적이다. 즉각적이고 강력한 저항으로 모르는 사람의 성폭행의 공격을 막을 수 있다. 태권도를 통하여 기초 체력을 길러주어 자신의 건강은 물론 호신으로 상대방 공격에 빠르고 신속하게 대처할 수 있는 능력을 가질 수 있는 것이다.

호신술 훈련은 자신의 감정을 잘 통제할 수 있게 하고 상대의 위협이나 공격 시에 자신의 감정을 드러내어 스스로를 변화시킨다. 호신술을 배움으로서 자신은 공포나 분노의 감정을 이겨내고, 상대의 공격에 대해 자신도 모르게 정신적으로 강하게 저항할 수 있는 법을 배우게 된다. 호신술을 배움으로서 상대의 공격의지를 약화시키고, 과거에 경험했을 수도 있는 무력감이나 폭행의 희생에

---

14) 이규형(2010). 태권도 품새란 무엇인가. p. 30.

서 벗어날 수 있다.[15]

　호신의 일정한 수준의 경지에 오르려 한다면 먼저 자신의 마음을 바르게 가지고 기술 동작에 몸을 맞추어가는 훈련방법으로 반복적인 연습이 필요하며 한순간에 기술 습득이 이루어지는 것이 아니므로 지속적인 관심과 수련에 임했을 때에 기술을 터득할 수 있다. 기술의 터득은 육체적인 고통의 과정을 수행하였다고 보고 그런 과정에서 호신의 마음과 수양자세를 동시에 몸으로서 체득하는 것이다.

　호신술의 기법은 시대적 흐름과 현상에 따라 다르게 대처하는 방법으로 변화되어왔다. 이러한 시대적 호신의 방법의 변화된 기술과 형태는 공연요소로 충분한 가치가 있으며, 상황에 따른 적절한 조치와 방법은 교훈적 역할을 할 수 있는 두 가지의 역할을 하고 있다. 따라서 호신술은 태권도가 공연예술로 표현하기에 매우 적합한 요소라 말할 수 있다.

5　시범의 태권체조

　태권체조는 경쾌한 음악에 맞춰 태권도의 기본적인 손, 발동작과, 체조적인 요소를 접목시켜 역동적인 동작과 움직임을 통해 심박수를 높여 유산소성 운동 효과를 볼 수 있으며 관중들의 박수를 유도하여 혼연일체를 이끌어낼 수 있는 시범이다.[16]

　한국의 태권도 요소와 서양의 체조가 만나 새로운 발전 방안을 제시했다고 할 수 있다. 형식적인 체조와 음악의 파격적인 만남으로 사회발전에 변화를 취

---

15) Joan M. Nelson은 기존의 호신 기술이 아니라 상대방이 접근을 미리 차단하는 경계사항, 접근 시 대치 요령 등으로 자신의 신변을 미리 보호하는 단계적으로 대치요령의 기법을 이야기하고 있다. 이는 어린아이나 여성들이 낯선 자의 접근을 미리 차단하고 방어하는 신체적, 행동적 요령의 기법까지 말하고 있어 상당히 유효한 호신 기법이라 말할 수 있다. Joan M. Nelson(2000). Self-Defense. p. 3.

16) 태권체조는 1992년 한마당 대회로 시작하면서 새로운 장르로 시작되었다. 정재환(2008). 앞의 책. p. 109.

했던 것처럼 무도와 체조의 만남이 이루어진 것이 태권체조의 형태이다.

태권체조는 리듬요소와 태권도 동작이 춤과 함께 어우러져서 태권도를 보다 쉽고 친근하게 알릴 수 있다. 태권도의 기본 동작이 바탕이 되지만 때로는 절도 있는 동작과 미적인 동작, 때로는 코믹적인 동작의 구성으로 어린이, 청소년, 성인, 노인 모두 다 즐길 수 있는 것을 태권체조라고 할 수 있겠다.

태권도를 무도적 측면에서만 볼 때 상대와 싸우고 제압하는 전투적인 호신의 입장만을 생각할 수 있다. 그러나 현대 사회에서 추구하는 태권체조는 건강하고 행복한 삶을 지향하는 well-being 스포츠로서 인식되고 있다.

태권체조는 1992년 태권도 한마당 대회[17]에서 시작되었다. 기존의 겨루기, 품새와는 다른 음악을 이용한 리드미컬한 새로운 장르의 태권도 동작과 리듬으로 유소년들과 대학생들에게 선풍적인 인기를 얻으면서 각 대학교 태권도학과에 태권체조 수업이 교육과정으로 인정받기에 이르렀다.

태권체조는 경쾌한 음악과 태권도의 절도있는 동작, 에어로빅의 부드러운 댄스 동작 등의 조화를 통해 유산소 운동으로서의 기본적인 효과뿐 아니라 흥을 돋우고 잠재된 끼를 발산시키는 부가적인 역할도 할 수 있다.

태권체조의 경기 방식은 2분 이내 음악을 사용하고 춤 동작과 태권도 기본 동작의 혼합적 동작을 사용한다. 채점 방식은 정확성, 숙련도, 표현성으로 나뉜다.

정확성은 팀의 일치도와 동작의 정확성을 채점 기준으로 삼고 숙련도는 음악과 동작의 조합, 균형과 유연성의 채점 기준으로 삼는다. 표현성은 동작의 다양성고 복합성 창조성을 채점 기준으로 삼아 객관적인 형태의 경기규칙[18]으로

---

17) 현재 세계태권도 한마당 대회로 20여 년간 국내는 물론 국외에까지 대회를 확대하여 치루고 있으며, 태권도 시범, 태권체조, 호신술의 경기화가 처음으로 시작되었다. 매년 50개국 이상 5,000여 명이 참가하여 태권도의 다양하고 화려한 기량을 선보이는 최고의 축제이다(2011.5.10.). http://www.kukkiwon.or.kr

18) 대한태권도 품새 경기규칙(2011). 책자에 태권체조 경기규칙이 포함되어 있으며, 경기방식, 채점방식, 채점기준의 경기규칙이 제시되어 보다 객관화된 태권체조의 경기발전에 앞서고 있다. 이는 어린이, 청소년, 성인, 노인층까지 음악과 태권 동작을 이용한 태권체조는 날로 인기를 얻고 있다.

태권체조가 발전에 발전을 거듭하고 있다.

경쾌하고 빠른 음악에 몸이 자연스럽게 움직일 수 있는 움직임과 태권도 기본 동작들을 가미시킨 이 운동은 다양한 장르와 연결되어 태권체조, 태권무, 태권댄스, 태보, 태권에어로빅 등으로 불리기도 한다.

최근의 일선도장에서는 태권체조가 수련생들에게 인기있는 프로그램으로 그 가치를 인정받고 있으면서 선호된다. 또한 다이어트 열풍이 전반적인 사회현상으로 대두되면서, 평소 운동이 부족한 성인이나 소아비만의 문제들을 해결하기 위한 여러 방안들 중에 건강과 함께 즐거움을 추구하는 현대인들의 취향을 잘 반영하고 있는 태권체조가 대중적인 태권도 요소로 자리 잡고 있다.

태권체조는 현대적으로 볼 때 태권도가 무술 측면에서 현대에 맞게 변형된 태권도 요소 중 가장 크게 변화된 모습이라 할 수 있다. 태권도의 기술적 표현은 음악과 춤이 함께 어우러져 누구나 거리감 없이 참여할 수 있고 태권도 동작을 가미시켜 독특한 춤의 형태로 다시 만들어진 것으로 수정 없이 바로 태권도 공연으로 가장 쉽게 선보일 수 있는 요소이다.

6 격파

격파는 신체 부위를 단련하고 근력과 순발력을 발휘하는 순간 정신집중의 유무에 따라 격파의 결과가 달라진다. 하지만 평소에 단련을 통한 연습으로 격파의 양과 파워를 결정하고 실행해야 상해 없이 완전한 격파를 할 수 있다.

격파는 격파물에 대하여 이루어지는 단련된 신체의 한 부분을 이용한 충격량의 전달과정으로 보아야 한다. 이러한 충격량의 전달결과로 인하여 격파물이 파괴되는 것과 같은 형체변화가 나타나게 되는 현상을 격파라 한다. 일반적으로 충격량은 힘과 시간(force×time)에 의해서 결정되며 충격량을 크게 하기 위해서는 강한 힘을 오랫동안 지속함이 원칙이다. 태권도 격파에서도 이러한 역학적 원칙이 적용되어 강력한 충격량의 전달을 위하여 손과 발의 단련된 끝단을 사용하며 폭발적인 힘을 격파물에 최대의 속도로 전달하게 되는 것이다. 격파는 고도의 정신집중과 힘의 집중을 요구하며, 정신과 힘과 기술이 하나가 되었을 때 격파의 완성이 된다.[19]

격파는 태권도가 가지고 있는 여러 가지 기법으로 목표물을 타격하는 기술로서 태권도 기술의 수준과 위력을 측정할 수 있는, 자기 실력평가의 기준이 된다. 즉 수련을 통하여 변화한 기술과 위력의 모습을, 대인간화(對人間化)된 송판이나 기와, 벽돌 등의 격파물을 타격함으로서 수련자의 위력과 기량을 측정하고 평가하는 것이다. 기술은 크게 위력 격파와 기술 격파로 나눌 수 있겠다.

격파는 생명이 없는 송판에서부터 벽돌, 기와, 대리석에 이르기까지 위력 격파물의 다양성을 보이며 수련을 통하여 여러 가지 기법으로 목표물을 타격함으로서 수련자의 위력과 기량을 평가할 수 있다. 위력 격파의 기술은 단련의 의미를 내포하고 있다. 단련하지 않고는 몸에 상해를 입을 수 있으며 단련은 하루아침에 이루어지지 않고 오랜 세월의 시간이 지나야 뼈와 근육, 정신이 단련되어 자신의 한계를 넘는 격파를 하게 된다.

위력 격파는 주먹, 손날, 앞축, 뒤축 등과 같은 단련된 손과 발 등의 관절 부위 끝단을 이용하여 비교적 낮은 자세에서 힘과 기를 집중하여 타격하며, 태권도의 위력적인 모습을 보여준다.

위력 격파의 시범은 대부분 숙련과 단련이 많이 된 성인들의 모습에서 많이 보게 된다. 사람을 이용하여 밟고, 차고, 뛰는 기술이 아니라 지면의 마찰을 이용하며 한곳에 기를 모으고 단전에 기를 집중한 뒤 호흡을 고르게 하여 "일격필살의 신념"으로 "단숨에 상대를 쓰러뜨려야" 되는 무도적인 실전 싸움의 입장에서 격파를 시도한다.

격파의 강력한 힘을 내기 위해서는 힘을 빼야 힘을 낼 수가 있다. 다시 말해서 내가 가지고 있는 힘을 밖으로 내보내기 위해서는 몸에 힘을 빼고 마지막 순간에 힘을 밖으로 표출하는 것을 말한다. 이는 손에 묻어있는 물을 털어내듯이,

---

19) 격파는 힘×시간=파워 낼 수 있는 역학적 원리적용. 권오민·장권·최광근(2011). p. 325.

무릎의 각속도를 순간적으로 접었다가 펴주면서 타격을 할 때 가장 위력적인 힘이 전달된다고 볼 수 있다.

위력 격파는 전반적으로 태권도 기술의 발전이 답보상태에 있었던 초창기 시범에서, 강력한 힘과 파괴력을 실증하기 위한 수단, 즉 태권도의 효용성, 실용성을 강조하기 위하여 수행되었다. 그러나 새로운 태권도 기술이 발전하고 체계화되어 기술 격파가 주목받기 시작하면서 위력격파는 상대적으로 경기 태권도의 기술과 시범의 난이도 기술로 인하여 쇠퇴하게 되었다. 하지만 태권도의 무도적 가치에 대한 재평가가 시작되며, 1992년 태권도 한마당에서 위력 격파 부분이 경연종목으로 채택되어 시행되고, 2003년 남북한 태권도 시범의 교류가 이루어지고, 2009년 태권도 격파왕 대회를 개최함에 따라 위력 격파에 대한 중요성이 다시 강조되어 활성화되고 있다.

위력 격파는 앞차기, 돌려차기, 내려차기, 뒤차기, 뒤 후려차기, 돌개차기 등의 기본 발차기를 바탕으로 시범자의 집중력과 기술 그리고 힘을 표현하는 위력 발차기가 대표적이다.

표 10. 위력 격파

부위	손 위력	발 위력
사용례	주먹, 손날, 등주먹, 손날 등, 손끝, 팔굽	앞축, 뒤축, 발날

권오민·장권·최광근(2011)은 기술 격파란 태권도가 가지고 있는 여러 가지 기술들을 응용하고 활용하여 보여주는 격파 기술로 도약 격파와 정밀 격파로 구분할 수 있다. 도약 격파는 신체를 공중으로 도약하여 얻는 체공 시간을 이용하여 멀리차기, 높이차기 그리고 손과 발을 동시에 사용하며 여러 차례 연속하여 타격하는 형식의 기술이다. 정밀 격파는 사람이나 인공의 장애물을 이용하여 몸을 공중으로 도약하여 방향을 전환하거나, 몸을 회전하여 멀리 있거나 높은 위치에 있는 목표물을 타격하고, 눈을 가린 상태에서 머리 위나 칼끝에 있는 사과

와 같은 작은 목표물을 청각으로 거리를 감지해 격파하는 정확성 기술 격파가 새로운 시범에 돌파구를 시사하고 있다.

인간이 체공 상태에서 손과 발을 사용하여 얼마나 많이 격파를 할 수 있느냐는 인간의 한계 기술에 도전하는 기술을 의미한다.

시범이라 하면 고정되어있는 물체를 가격하는 것에 그쳤는데 현재는 여러 방향에서 움직이는 물체를 격파하는 다방향 시범이 생겼다. '기술의 한계는 어디까지일까?' 날로 발전하는 시범 기술에 감탄이 나온다. 그러한 기술 시범을 하기 위해서는 우선 기본기 연마를 충실히 해야 하며 기술을 하기 위한 도움닫기, 점프 기술, 발딛기(step) 기술, 회전 기술의 연마를 통해 고난이도 격파 기술이 이루어진다.

단계별 목적과 수련을 통해 자신감을 얻게 되고 이런 과정을 통해 얻은 자신감과 더 높은 목표를 향해 도전하게 되는 연속적 수련과정은 필연적이다. 반복적인 수련과 끊임없는 노력의 결과로 고난이도의 기술이 몸속에 습득되면서 완성되어 격파가 이루어지는 것이다.

격파 기술은 공연예술로서 태권도만이 가지고 있는 기술과 위력적인 모습을 실제 상황에서 관객들에게 동작을 선보이므로 가장 가까이 관객과 호흡하며 타격의 묘미를 보일 수 있는 격파 기술이다.

이는 동작의 하기 전과 후의 모습과 기술을 구사할 때 나오는 화려하고 아름다운 동작의 선은 예술적 표현에 격파라는 요소를 접목하여 다른 공연에서 볼 수 없는 새로운 멋과 느낌을 선보일 수 있는 공연적 요소라 말할 수 있다.

02 | 예술로서 태권도의 미적가치

1 태권도가 내포하고 있는 예술성의 미

아름다움의 미(美)나 예술(藝術)은 예로부터 한 사회의 상류층이나 잘사는 사람만의 향유물이거나 추상적인 관념이 아니라, 시민들의 일상적인 삶과 밀접하게 연결된 실제적이며 구체적인 현상이자 누구나 즐길 수 있으며 행할 수 있는 현실이다.

특히 태권도에서의 미(美)는 다양하고 자유로운 형식 속에서 다양하게 수용되고 있으며, 인간의 행위 속에 담겨진 심미적 가치를 바탕으로 나타나는 운동현상을 문화적이면서 미적인 표현으로 승화시킨 것이다.

미(美)는 "아름답다"라는 의미로서 그 적용 범위가 지극히 넓다. 미는 인간과 인간, 인간과 자연의 관계 구조하에 존재하는 사물의 행위 사상, 언어, 마음, 기술적, 실험적 요소들을 포함하는 광범위한 대상을 가진다.[20] 미는 감성적이면서 직관적으로 파악되는 정신적 가치이다. 미를 인간의 의식과 정신적 현상 속에 발생하는 심리현상으로 보기도 한다.

소광희(1984)는 미란 선(善)과 마찬가지로 체험 사항이며 정신적인 가치와

---

20) 미는 정신적 가치를 표현하며 자기 가치적이다. 초기에는 단지 일상생활에서 사용되는 모든 자연물과 인공물이 아름다움과 관련될 때 예술로 인정되었으나, 점차 일상생활로부터 유리된 예술 고유의 분야가 탄생하게 된 것이다. 김창룡·임일혁(2003). 태권도 경기 겨루기에서의 미적 탐구. p. 133.

자기 가치적이라고 설명하고 있다. 미는 가치가 있는 성격을 지니고 있는 것이며, 미적인 것은 어떤 대상적, 객관적인 것을 뜻하는 것이라고 본질적인 정의를 하고 있다.

아름다움이라는 것은 나의 마음이라는 몸각이 좋아하는 것이고, 추함이라는 것은 나의 마음이라는 몸각이 받아들이지 않는 싫어하는 것이다. 즉 아름다움과 추함은 몸각이 좋아하는 것과 싫어하는 것으로 번역할 수 있다. 선하다, 선하지 않다는 것도 결국 몸각의 '옳다', '그르다'의 느낌인 것이다. '좋아함'과 '싫어함'은 그 뿌리가 같은 동전의 앞뒤와 같아서 어느 일면만을 고집할 수는 없다. 아름다움과 추함을 윤리적 이원성으로 파악하지 않고 나의 몸의 좋음과 싫음이라는 느낌의 포괄성으로 파악한 것은 그리고 또 윤리적 판단마저 그러한 심미적 판단 속으로 융해시켜버린 것은 왕 삐라는 천재소년의 탁월한 견해가 아닐 수 없으며 동양문화의 심미적 우월성을 깨닫게 한다.[21]

움직이는 모든 동작들이 미적인 형태로 보일 수 있으나 목적이 있는 체육적 신체활동은 독창적인 문화현상으로 타의 동작들과 엄연히 구별되는 성질을 가지고 있다. 태권도 시범 동작들은 내적인 수련과 신체 동작의 표현으로 내면과 외면이 가지고 미적 표현의 느낌을 동시에 가지고 있다. 이는 실용적이며 내면의 정신적인 모습도 보여주는 입체적인 직관성을 보여주는 것이다.

묵상의 수련모습은 정적이면서 내면의 정신적인 심신단련의 모습이고 들숨과 날숨을 이용하여 들어 마심과 내뱉는 호흡으로 자신의 정신을 집중하는 호흡법인 동시에 내면을 수련하는 정적인 묵상 모습의 아름다움이라 할 수 있다.

실제 시범에서 보이는 표현은 태권도 시범 활동 자체가 감각적이면서 직관적인 움직임이 생명감의 표현이기 때문에 전신을 움직여 동작을 시연하고 동작을 끝까지 마쳤을 때의 정적인 감성적 표현 모습에서 오는 감동의 파급 범위는

---

21) 아름다움과 추함을 윤리적 이원성으로 파악하지 않고 나의 몸의 좋음과 싫음이라는 느낌의 포괄성으로 파악한 것, 동양문화의 심미적 우월성을 깨닫게 하는 것이다. 김용옥 (1989). 아름다움과 추함. p. 81.

상당히 크다고 본다.

태권도 시범에는 다양한 형태의 미적인 요소가 내포되어 있다. 한 예로 뒤후려차기에서는 아름다운 곡선의 미와 힘을 느낄 수 있으며, 태권도의 여러 동작에서 미를 찾을 수 있다. 총체적으로 새로운 기술에 대한 끊임없는 노력과 시도 역시 신기술의 탄생이라는 독특한 심미적 표현으로 해석할 수 있을 것이다.

태권도의 예술적 표현은 때론 아름다움을 표현하기보다는 인간의 극한 상황, 즉 인간의 한계성에 대한 도전이며 태권도 정수의 표현을 미로 정의[22]하기도 한다.

송판이나 대리석 등의 격파물을 손끝이나 발끝에 기를 모아 집중하여 폭발적인 힘을 통해 격파하는 순간 얼굴에서 일어나는 긴장과 고통의 표정은 우리가 흔히 생각하는 상식적인 아름다움과는 거리가 멀다. 하지만 이러한 수련을 통해 나타나는 일그러진 표정은 격파에서 볼 수 있는 진정한 예술의 미라고 할 수 있겠다. 또한 빠른 스피드로 손이나 발로 인간의 한계에 도전하여 깨질 수 없다고 생각하는 격파물을 단숨에 격파하면서 시간과 공간을 초월하는 모습은 감동과 환희의 역동적인 미를 보여준다.

아름다운 인상과는 반대되는 일그러진 추함이 있지만 태권도의 미를 설명할 때는 다르게 표현한다. 그 일그러진 표정 속에는 목표와 열정, 의지를 가지고 임했던 고통과 인내의 시간이 스며들어 표정으로 드러나는 것이기에 태권도 예술의 미를 완성하는 요소로서 충분한 것이다.

---

22) 태권도의 미는 인간의 부단한 노력과 정성, 인내와 극기로 심신합일(心身合一)을 꾀하며 이것은 동작 하나 하나가 지니는 시간과 공간의 조화에서 비롯되며, 나아가서는 초월된 정신력으로 상상을 초월하는 동작을 창출해냄으로서 감동을 유발해 아름다움으로 승화시켜준다. 최영렬(2008). 태권도 시범론. p. 40.

태권도 시범과 미의 조화조건

시범의 멋은 관중들에게 태권도의 위력의 미와 우아한 미의 동작을 보여주는 데 그 목적이 있다. 이것은 시간적, 공간적, 입체적 조화에서 비롯된다.[23] 태권도 시범의 미적 완성도를 높이기 위해서는 다양한 장르의 예술적 조화의 조건들이 필요하다.

태권도 시범의 조화조건은 도복과 신체미, 태권도 동작의 운동미, 태권도 기합의 미 등으로 나눌 수 있다. 이러한 조건 속에 태권도 시범이 예술적으로 표현될 수 있으며 미적인 조건이 조화를 이룰 때 성공적인 시범이 이루어질 수 있다.

1) 도복과 신체미

인간의 아름다운 신체란 동서고금을 통하여 어떤 것이 최고의 아름다운 몸인가 정의되어 있는 것은 아니다. 그러나 고대 그리스의 사실적 초형예술에서는 신체 부위에 나타나는 선을 각선미라고 하였으며,[24] 도복 입은 모습 자체가 태권도만이 가지고 있는 맵시이자 신체와 옷의 조화로 손동작과 발차기 동작에서의 아름다운 신체공간미를 더해준다.

---

23) 시범의 멋은 관중들에게 태권도의 위력적인 미와 우아한 미를 보여주는 데 있다. 시범의 조화의 조건은 신체, 운동, 형식, 구성, 기합, 감정 표현의 미 등으로 나눈다. 위의 책. 태권도 시범론. p. 41.

24) 몸의 표준적인 수치를 정하여 머리의 길이를 준하여 신장의 배수를 정한 것으로 8등신 미인을 최고로 삼고 이를 동경했으며 이는 비너스의 제작에 많이 활용되었다. 위의 책.

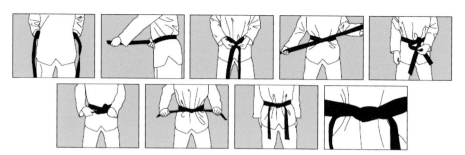

출처: 국기원 표준수련지침서(2012). 그림 419. 도복을 입고 띠 매는 법

태권도 도복에서 허리에 묶는 띠는 도복의 상부와 하부를 하나로 연결함과 동시에 단전 주의를 감싸게 된다.

태권도에서 도복을 착용하고 띠를 매는 이유는 복부 부분의 힘을 내는 근육들을 조여주기 위해서다. 이는 신체를 보다 자유롭고 원활하게 하면서 단전 중심을 조여주어 내적인 힘을 모으게 만들기 때문에 빠른 스피드나 위력적인 파워를 이용한 태권도의 동작을 하는 데 유용하다. 몸과 마음을 보다 원활히 사용하면서 자신의 의지를 실행하기 위한 방법으로 띠를 이용한 것이다.

이렇듯 태권도 동작의 준비 단계에서 마무리 단계 전반에 걸쳐 도복과 띠는 정신과 몸이 조화를 이루게 되는 신체적인 도복의 미를 보여준다.

2) 태권도 동작의 운동미

태권도의 운동미는 신체의 운동미를 일컫는 것으로 체육활동으로 표현되는 인체의 미(美)가 반영된 것이다.

이러한 운동미는 일종의 특수한 심미적 대상으로서 신체운동, 즉 스포츠(sports)·활동(activity)·동작(movement)·경기(game)·원동력(motor)·놀이(play) 등의 종합적 개념을 가진 전인교육을 위한 체육 성질의 신체운동에서 주로 드러나게 된다. 이렇듯 인류의 심미영역은 지극히 넓으며 광범위하다. 운동미는 신체미를 기초로 한다. 일반적으로 운동미는 운동의 주요 속성이 아니지만 어떤 종목 중에는 미적 요소가 직접적으로 기술 효과를 결정하기도 한다. 특히 표현미를 주요 목적으로 하여 연기의 형식으로 표현될 때 몇몇 예술양식은 서로 구별하기 어렵다. 이는 무술·곡예·리듬체조·아이스 댄싱·수중발레 등과 마찬가지로 예술적 요소를 다분히 포함하고 있다.[25]

태권도에서 운동미는 움직임 자체의 동작으로 생각할 수 있다. 태권도의 손 동작과 발동작으로 여러 가지 기술의 정수를 시연했을 때 표현되는 가치를 운동미라 할 수 있다.

시범에서 시범 동작을 완성했을 때 그것은 정신과 신체의 합일(合一)이 되었을 때와 마찬가지로 완전함을 창조할 수 있으며, 동작 그 자체에서 미를 창출해낼 수 있다.[26] 위력 격파에서도 강한 대리석과 기왓장 또는 두꺼운 송판을 인간 한계를 초월하는 파괴력을 이용하여 격파하게 되는데 몸의 전 기운을 하나로

---

25) 운동미는 신체의 운동미를 일컫는 것으로 체육활동 중에 표현되는 인체의 미로 사회문화생활을 반영한다. 호소명(1993). p. 114.

26) 최영렬(2008). 앞의 책. p. 42.

모아 격파에 혼신을 다하는 집중력이 정신과 몸을 하나로 만들어 자신보다 더 강한 보조물을 격파할 수 있게 하는 것이다.

태권도 시범에서의 동작은 한순간에 표현되기는 하지만 보조자와의 거리, 적절한 타이밍, 움직임, 무게중심의 균형, 집중력 등을 보여주는 전반적인 기술과 정신의 종합이라 할 수 있다. 즉, 실제 격파가 이루어지는 단계뿐 아니라 전후 단계를 포함한 전 과정의 모습에서 태권도의 운동미를 표현하고 있는 것이다.

3) 태권도 기합의 미

태권도에서의 기합은 크게 호흡법이라고 말할 수 있다. 호흡을 할 때 들숨과 날숨을 통하여 산소를 호흡하는데 기합 또한 호흡의 역할로 코로 들이마시고(들숨) 2/3 정도는 내뱉고(날숨) 호흡을 잠시 멈추며 강한 임팩트를 주어 짧고 굵은 소리를 내어 동작을 취해 격파나 상대에 기술을 전한다. 이는 몸을 움직이는 데 가장 효율성이 높아질 수 있도록 최대한 몸에 있는 기운의 에너지를 밖으로 발산할 때 내는 행동이다. 또한, 기합은 어떤 동작을 취하기 전에 마음과 정신을 한곳으로 집중하도록 하는 역할도 한다.

상대방과의 겨룸에서의 기합은 대련에 대한 두려움을 이겨내고 상대에게 자신의 강한 의지와 신념을 표출함으로서 상대의 기를 제압하는 작용을 하기도 한다.

최영렬(2008)은 기합이란 무도에서 빼놓을 수 없는 필수요건이며 온몸에 기(氣)를 확산시켜 힘을 배가시켜주는 역할을 하며 정신력을 강화해주기도 한다고 하였다. 품새에서는 기합으로 마무리를 하기도 하고 고단자들은 겨루기에서 무성의 기합을 넣기도 한다. '읍' 하면서 마음을 가다듬고 신체를 정돈하여 공격하고 다시 재정비하여 기합을 넣는 공방에 임하는 자세는 태권도의 미(美)가 분명 아닐 수 없다. 또한 격파에서 기합과 동시에 단단한 격파물이 파괴되는 모습은 마음과 신체를 비롯한 여러 요소의 조합이 이루어낸 것이지만 그중 하나로서 기합의 위력을 보여주는 실제인 것이다. 무도, 특히 태권도에서 기합이 없으면 목적 없는 동작으로 구별되며 성악가나 가수들의 음정으로 노래를 부르는 것에 불과하다. 즉 태권도를 구성하는 집중력과 기술, 인간의 한계를 극복할 수 있는 위력이 기합으로부터 시작되어 태권도 동작을 완성하게 되는 것이다.

이와 같이 기합은 시범의 미적인 표현 방식의 하나로서 소리, 형태, 목적, 의지, 신념, 공격, 방어, 완성을 보여줄 수 있는 태권도 동작의 기초가 된다고 볼 수 있으며 없어서는 안 될 중요성을 띠고 있다.

3 태권도 시범 구성에 따른 미적 요소

태권도의 시범 기술을 이해하고 그 시범 기술 속에 들어있는 미적 요소를 분석하면 태권도의 다양한 미가 들어있음을 확인할 수 있다. 태권도 시범의 다양한 움직임의 동작은 각기 다른 모양으로 미적인 요소를 지니고 있다. 같은 동작이라도 높이와 각도에 따라, 시작점과 끝점에 따라, 스피드에 따라, 연속적인 형태의 기술에 따라, 제자리와 움직임에 따라 미적인 차이가 나타나고 있다. 기술적인 성격과 형태에 따라 다른 감동과 아름다운 미를 나타낸다.

태권도 시범 구성에 따라 높이 격파의 미, 멀리 격파의 미, 체공 격파의 미, 수직축 회전 격파의 미, 수평축 회전 격파의 미, 복합기술의 미, 동작리듬의 미, 위험극복의 미, 단체 동작의 미로 분류하였으며 태권도 기술에 관한 구성을 하고 기술의 내용과 난이도 형태를 하·하중·중·중상·상으로 나누어 분석하여 미의 요소를 알아보겠다.

이러한 기술들 속에 태권도의 아름다운 미가 존재해있으며 시범 동작을 통해 보는 사람으로 하여금 순간적으로 느끼는 감동은 태권도에서 볼 수 있는 특별하고 실질적인 표현 방식의 미라 할 수 있다.

1) 공중 격파의 미

빠르게 도약하여 높이 뛰어올라 체공 상태에서 손과 발을 이용하여 격파하는 기술을 말한다. 손과 발의 협응력으로 짧은 시간에 순간적으로 여러 격파물을 한순간에 격파하는 동작을 말한다.

과연 저 많은 격파물은 완파할 수 있을까? 하는 의구심이 들지만, 한순간에 뛰어올라 손 또는 발을 이용하여 격파하는 기술은 환상적인 아름다운 미와 감동을 준다.

공중 격파의 미는 높이 격파의 미와 멀리 격파의 미의 세부적으로 나눌 수 있다.

(1) 높이 격파의 미

한번 도약하여 높이 있는 격파물을 격파하는 기술로 새가 하늘로 비상하는 느낌을 주며 인간이 한계에 도전하는 가장 높이 뛰어오르는 육상의 높이뛰기와 같은 모습으로 보다 더 높은 곳을 향해 발차기를 차는 형태의 아름다움을 말한다. 또한 3m 이상의 높은 격파물을 장애물을 밟고 공중으로 날아올라 공중에서 발기술을 이용하여 격파하는 시범은 태권도에서 볼 수 있는 대표적인 높이 격파의 미라 할 수 있다.

표 11. 높이 격파의 미

시범 명칭	시범의 미와 감동적 느낌
뛰어 앞차기 · 돌려차기 · 뒤 후려차기	도약하여 뛰어 높이 있는 격파물 격파할 때
양발 뛰어 앞차기	도약하여 뛰어 높이 있는 격파물 양발 앞차기 격파할 때
모둠발 뛰어 앞차기	도양하여 뛰어 높이 있는 격파물 양발 모아 앞차기 격파할 때
장애물 밟고 뛰어 앞차기 · 돌려차기	장애물 밟고 높이 있는 타격물을 높게 뛰어올라 격파할 때
축전 외발 공중회전 격파	도움닫기 축전을 이용하여 뒤로 돌며 뛰어올라 3.5m의 격파물 격파할 때
장애물 딛고 역회전 격파	민첩하게 가슴 딛고 공중으로 치솟아 뒤로 회전하면서 격파할 때
장애물 딛고 공중회전 양발 앞차기	장애물을 딛고 4m 높이에 있는 두 개의 격파물을 뒤로 회전하면서 격파할 때

(2) 멀리 격파의 미

한번 도약하여 멀리 있는 격파물을 넘어서 격파하는 동작으로 아름다운 곡선미를 특징으로 나타내고 있으며 보조자를 넘어야 하는 동작이므로 집중과 도움닫기의 도약력이 필요하다. 빠른 속도의 도약력으로 뛰어넘을 때 체공으로 날아가는 모습은 인간의 한계에 도전하는 모습의 아름다운 미를 볼 수 있다.

달려가 장애물을 넘어 태권도의 손·발 기술을 통하여 격파하는 기술은 보는 사람으로 하여금 감동과 묘미를 느낄 수 있는 동작이다.

표 12. 멀리 격파의 미

시범 명칭	시범의 미와 감동적 느낌
장애물 뛰어 옆차기	장애물 넘어 이단 옆차기로 격파물을 격파할 때
장애물 뛰어 뒤차기	장애물 넘어 뛰어차기로 격파물을 격파할 때
멀리 뛰어 주먹 격파	자세를 낮춘 여러 명의 등을 멀리 뛰어넘으면서 송판을 주먹으로 격파 후 회전낙법할 때
3명 넘어 주먹 격파	서 있는 3명의 머리 위로 넘으면서 송판을 주먹으로 격파할 때

2) 수직축 회전 격파의 미

수직을 축으로 회전하여 격파하는 방법으로 태권도 동작에서 가장 화려하고 아름다운 동작의 미라고 할 수 있다. 주로 돌개차기와 뒤 후려차기를 이용하는 발기술이며 수직축을 이용한 체공 상태에서 회전방식의 격파를 하는 방법이다.

또 체조선수, 피겨 스케이팅 등에서 볼 수 있는 공중회전 돌기가 있다. 피겨 스케이팅은 빙상의 스피드와 지면 마찰을 이용하여 점프하여 아름다운 자태를 뽐내지만 태권도는 매트 위에서 뛰어올라 체공 상태에서 회전 후 발차기로 연이어지는 격파의 완성을 이룬다. 회전의 속도감과 발차기의 아름다움을 동시에 느낄 수 있으며 태권도 시범에서 볼 수 있는 멋스러움이 최고에 이르는 미의 극치라 말할 수 있다.

표 13. 수직축 회전 격파의 미

시범 명칭	시범의 미와 감동적 느낌
9회 돌개차고 540° 뒤 후려차기	9회 돌개차기 연속으로 돌고 마지막 540° 격파로 마무리할 때
10회 뒤 후려차기	뒤 후려차기 연속 10번 격파할 때
역회전 돌려차기 격파	체공 상태에서 180°를 회전 후 돌개차기로 격파할 때

540° 1·2·3단계	공중에서 540° 회전하며 1, 2, 3단계 격파물을 체공 상태에서 격파할 때
720° 돌개차기	공중에서 720° 회전하며 체공 상태에서 돌개차기로 격파할 때
900° 뒤 후려차기	공중에서 900° 회전하며 체공 상태에서 뒤 후려차기로 격파할 때

3) 수평축 회전 격파의 미

수평축을 이용하여 공중회전 돌아 격파하는 방법으로 체공 상태에서 뛰어 돌아넘은 후 격파를 한다. 태권도에 체조적인 요소를 가미하여 독특한 발차기로 격파하는 기술을 말한다.

수평축 회전은 체조에서 볼 수 있는 공중회전의 기술이다. 공중회전 자체로도 어려운 기술인데 태권도에서는 공중회전을 하면서 발차기를 하여 격파하는 고난이도의 응용 동작을 만들었다. 한 마리 독수리가 비상하여 적시에 목표물을 공격하여 성공을 거둔 후 착지하는 그림을 떠올리게 하는 아름다움이 담겨있다.

📋 표 14. 수평축 회전 격파의 미

시범 명칭	시범의 미와 감동적 느낌
축전 외발 공중회전 격파	도움닫기 축전을 이용하여 뒤로 돌며 뛰어올라 3.5m의 격파물 격파할 때
장애물 딛고 역회전 격파	민첩하게 가슴 딛고 공중으로 치솟아 뒤로 회전하면서 격파할 때
장애물 딛고 공중회전 양발 앞차기	장애물을 딛고 4m 높이에 있는 두 개의 격파물을 뒤로 회전하면서 격파할 때
사과 던져 공중회전 격파	사과를 공중에 던져 제자리, 역회전, 도약 등으로 뛰어올라 뒤로 회전하면서 외발 또는 양발로 격파할 때
공중 역회전 2단계 격파	높은 곳에 송판을 점프하여 뛰어올라 뒤로 역회전하면서 격파할 때
공중회전 외발 칼끝 사과 격파	3.5m 높이의 칼 끝에 꽂인 사과를 제자리에서 뛰어올라 뒤로 회전하면서 한 발로 사과를 격파할 때

4) 복합기술의 미

　여러 가지 태권도의 기술을 사용하여 순식간에 복합적인 움직임으로 격파할 때나 여러 방향에서 예측할 수 없이 나타나는 격파물을 빠르게 판단하여 태권도 기술로 타격하는 미적 요소를 말한다. 또는 여러 형태의 격파물을 빠른 속도로 격파하며 전진하는 복합기술의 미를 말한다.

표 15. 복합기술의 미

시범 명칭	시범의 미와 감동적 느낌
여성 일렬 격파	일렬 대형으로 놓여진 다양한 종류의 격파물을 빠르게 격파할 때
여성 수직 4단계	수직으로 놓여진 4개의 격파물을 연속 3회 뒤 후려차기 실시 후, 돌개차기로 연속으로 격파할 때
일렬 대형 속도 격파	일렬로 나열된 다양한 높이와 각도에 위치한 격파물을 몇 초 만에 격파하는 매우 빠른 속도로 격파할 때
공중 돌려차기 1·3단계 후 장애물 딛고 공중회전 격파	한번 도약하여 공중에 돌려차기를 단계별로 격파한 후 바로 장애물 딛고 뒤로 회전하면서 격파할 때
타깃차기	태권도 경기와 시범에 필요한 다양한 손·발의 기술을 숙달하기 위한 수련과정으로 타깃을 이용한 동작 기술을 보일 때
움직임 다방향 격파	여러 방향의 움직이는 이동경로를 예측할 수 없는 격파물을 순간적으로 포착하여 격파할 때

5) 동작리듬의 미

　태권도 시범 동작의 리듬요소는 시범 전체에 해당되며 그중에서도 태권체조에 대표적으로 해당된다 하겠다. 태권도의 손·발 동작을 이용하여 음악과 함께 어우러지는 동작에서 흥미와 생동감을 느낄 수 있는 아름다움을 표현할 수 있다.

환한 미소로 여러 사람이 함께 음악에 맞추어 움직일 때 격파의 긴장감과는 또 다른 태권도의 새로운 미를 느낄 수 있다. 전체가 하나가 되어 움직이는 퍼포먼스를 연출하거나 자유로운 형태의 움직임이 더해져 동작리듬의 아름다움이 창출되는 것이다. 시범의 모든 동작에 활기찬 리듬이 포함되어 있어야 함은 더할 나위 없이 중요하다.

📋 표 16. 동작리듬의 미

시범 명칭	시범의 미와 감동적 느낌
태권체조	태권도의 다양한 손과 발 동작을 이용하여 음악과 리듬에 맞추어 움직이는 동작 기술을 보일 때
T-boys	음악에 맞추어 춤과 함께 대립상태의 움직임 동작을 보일 때
비상	태권도의 동작을 음악과 함께 빠른 동작으로 동작을 보일 때

6) 위험극복의 미

시범 기술 중에는 위험성이 있는 동작이 있으며, 일반인이 따라할 수 없는 칼이나 벽돌, 기와, 대리석, 송판 등의 보조물을 이용한 격파 기술이 있다. 이러한 위험요소를 극복하고 격파를 성공할 때 인간의 한계를 넘어서는 숭고함을 느낄 수 있다.

📋 표 17. 위험극복의 미

시범 명칭	시범의 미와 감동적 느낌
손·발 위력 격파	손과 발을 이용하여 여러 가지 보조물을 인간의 한계에 도전하여 격파할 때
눈 가리고 돌개차기 후 공중회전 격파	두 눈을 가리고 이동하면서 청각과 감각기능을 이용하여 작은 물체를 돌개차기와 공중회전하여 뒤로 돌며 격파할 때

사과 던져 공중회전 격파	사과를 공중에 던져 제자리, 역회전, 도약 등으로 뛰어올라 뒤로 회전하면서 외발 또는 양발로 격파할 때
공중회전 외발 칼끝 사과 격파	3.5m 높이의 칼 끝에 꽂힌 사과를 제자리에서 뛰어올라 뒤로 회전하면서 한 발로 사과를 격파할 때
움직임 다방향 격파	여러 방향의 움직이는 이동경로를 예측할 수 없는 격파물을 순간적으로 포착하여 격파할 때
여성호신술	어느 여성이 예기치 않은 폭력으로부터 위협을 받았을 위급한 상황을 설정하여 태권도의 다양한 기술을 이용해 위험으로부터 자신을 지키는 최선의 저항 수단의 동작을 할 때
호신술	권선징악의 설정으로 약자가 이길 때

또 어느 여성이 예기치 않은 폭력으로부터 위협을 받는 위급한 상황에서 태권도의 다양한 기술을 이용해 위험으로부터 자신을 지키는 최선의 저항 수단의 시범 동작을 연출하여 여성 태권도의 매력적인 미를 나타낼 수 있다. 이는 여린 여성이 남성을 상대로 이겨내는 스토리적 내용이다.

이러한 위력 격파, 정확성 격파, 호신술 격파는 불안과 초조함을 극대화시키는 심리적 요소를 더해 보는 이의 몰입도를 높이고 호신술의 제압과 완파 기술을 통한 위험극복의 미를 만끽할 수 있다.

7) 단체 동작의 미

여러 명이 단체가 하나가 되어 동작의 통일미를 보여준다. 전체가 하나됨에 따라 때로는 천천히 때로는 빠르게 동작을 취하여 태권도의 시작과 중간, 끝을 표현할 수 있는 시범으로 중요한 미적 요소라 하겠다. 역동적인 단체 동작과 느린 동작 등 서로 다른 양상에서 아름다운 단체 동작의 미가 느껴진다.

전체의 퍼포먼스 동작은 혼연일체된 모습을 보여주어 하나의 통일된 모습에서 정신적인 표현의 기를 느낄 수 있게 한다.

📄 표 18. 단체동작의 미

시범 명칭	시범의 미와 감동적 느낌
신화 기본 동작	기본 동작들로 구성되어 있으며 웅장한 음악과 함께 손ㆍ발 동작 기술을 할 때
태권체조	태권도의 다양한 손과 발 동작을 음악과 리듬에 맞추어 움직이는 동작 기술을 보일 때
품새	태권도 품새를 전체가 시연하는데 한 사람이 하는 것과 같이 동작을 할 때
T-boys	태권도와 비보이와 대립 결투 그리고 화합을 통한 새로운 형식의 태권도 퍼포 먼스가 창조되는 동작을 할 때
묵상	앉은 자세에서 단전호흡 하는 자세에서 정신(기)을 한곳으로 모으는 표현을 할 때
연합 동작	기본 동작 중 두 개 이상의 발기술과 손기술을 구성하여 공격과 방어, 역습의 전환 기술을 만들어 과학적이고 합리적인 방법으로 수련 내용을 시범보일 때

03

공연예술의 이해

1 공연예술의 개념

공연예술이란 연극에서부터 뮤지컬, 퍼포먼스, 인형극, 발레, 연주회, 감상회, 대중음악 라이브 콘서트에 이르기까지 공연장이라는 현장에서 직접 보여주는 무대예술의 총칭으로 기획 유형에 따른 조건, 문화공간의 이념과 프로그램의 방향성, 출연자, 시설, 규모 등에 따라 구분되며 그 특성상 집단 작업의 형태를 갖는다. 즉, 무대 위에서 관객과 직접 만나는 출연자 이외에도 무대제작, 조명, 음향, 영상, 특수효과, 의상, 분장 등과 같은 각 분야의 스태프들을 비롯해 작가, 연출가, 안무가, 등과의 협동 작업을 통해 이루어지는 종합예술이라고 할 수 있다.[27]

문화의 영역은 일상적 범주로 구분하느냐 학문적 대상으로 분류하느냐에 따라 생활양식으로 보는 광의적 의미와 흔히 문화예술로 지칭하는 예술의 영역 두 가지 범주에 속한다. 어느 쪽이든 문화는 삶의 동기를 부여하는 것으로 인간생활과 불가분의 관계에 있다. 현대 사회에서 삶의 질의 문제와 직결되는 문화의 중요성은 어느 때보다 강조된다. 여가의 중요성은 문화와 직결되기 때문에 일상적인 생활에 떨어질 수 없는 관계에 있다.[28] 또한 공연예술은 예술문화의 주역

---

27) 김은향(1999). 한국 공연예술의 활성화에 관한 연구. p. 5.
28) 문화산업은 점차적으로 확대되고 있으며 이는 문화의 세기라는 모토가 대두되면서 문화가 국가경쟁력이고 그 첨단에 문화산업이 있다는 관점에서 출발한다. 김복수·강돈구·이장섭·전택수·오만석·박동준(2003). '문화의 세기' 한국의 문화정책. p. 3.

이라 할 수 있으며, 태권도 공연예술의 활성화는 태권도를 대중에게 보급하고 국가 홍보에 기여하는 역할을 수행할 수 있다.

우리나라는 현재 주 5일의 근무체제로 바뀌고 있고 소득이 증대함에 따라 문화에 대한 수요는 점차 증가하는 추세이다. 주말의 시간적 여유와 함께 여가 활동에 대한 관심이 높아지면서 여가 생활을 영유하기 위한 놀이 형태와 문화 소비가 늘어나고 있다. 삶의 질을 높이기 위한 필수요소로서 대표적인 것이 문화이며, 문화 분야에서도 공연예술의 중요성과 역할의 비중이 실로 크다 하겠다.

'예술이란 무엇인가?'라는 물음에 우리는 오직 '예술(藝術)'이라는 의미로만 쓰고 있지만 독일어의 Kunst나 영어 또는 프랑스에서 Art라는 말의 의미로서 설명하고 있다. 또한 한자의 예(藝)와 술(術)의 경우를 '미(美)'로 해석하는 사람도 있을 것이다.

예술론적 관점이나 미학적 관점에서 다양한 이론이 있고 그 형식과 속성에 따라 여러 가지로 분류되고 있지만 그런 예술작품들이 모두 만드는 사람의 만족과 감상하는 사람의 감동을 목표로 하는 것이다.

일상적인 생활 속에서 문화는 문화의 어원과 의미의 발전, 문화정책 등과 밀접히 관련되어있다. 주지하다시피, 문화는 영어의 Culture와 독일어 Kultur을 번역한 것이다. 그 어원은 농사, 경작을 의미하는 라틴어 Cultura와 그리스어 Colere에서 유래되고 있다.[29]

공연예술이란? 이문회·김수영·김미라(2007)는 무대 위에서 다양한 형태의 콘텐츠를 관객에게 직접 보여주는 것으로 공연 출연자와 관객과 같은 시간과 장소에서 상호적으로 소통한다는 점에서 영화나 드라마 등 다른 콘텐츠와 차이점이 있으며 다음과 같은 특징을 갖는다.

첫 번째 공연예술은 '실연'으로 이루어지는 것이다. 관객과 직접 의사소통하는 것으로 대본은 연극배우를 통해 무대에서 관객과의 만남이 직접적으로 이루

---

29) 김복수·강돈구·이장섭·전택수·오만석·박동준(2003). '문화의 세기' 한국의 문화정책. p. 19.

어진다. 두 번째 관객과 소통을 위한 일차적인 수단으로 살아있는 인간을 사용한다. 모든 공연예술은 일회성을 갖는다. 무대에 있는 순간 이외에는 다시 볼 수 없는 일회성의 고귀한 가치를 갖는다. 세 번째는 예술가 개인의 창작 활동이면서 동시에 집단적 형식을 취한다. 즉 작품을 창작한 예술가 한 사람만의 구상과 노력으로 이루어지는 것이 아니라 작품이 무대에 오르기까지 전 과정에 많은 사람들의 노고가 있어야 한다. 출연자 이외에 무대 감독이나 조명, 음향, 의상, 분장, 세트 등을 담당하는 전문 분야의 인력이나 전체를 총괄 및 지휘하는 연출가 등의 총체적인 종합예술작업인 것이다. 네 번째는 살아있는 연기자와 관객이 동시에 같은 장소에 존재함으로서 강렬한 감각적 경험을 제공한다. 관객과 연기자가 마주보면서 함께 호흡하고 의사소통함으로써 감정의 전이가 빠르며 교류의 정도가 강하다. 다섯 번째는 일단 막이 내리면 예술로서의 온전한 모습은 사라진다. 다만 그 가치는 대본, 프로그램, 비평 및 관객들의 추억 속에서 영원히 살아남을 수 있다.

전반적으로 공연예술은 다양한 소재와 장르의 예술과 기술을 함께 끌어들여 하나의 통일된 주제 아래 여러 요소들이 조화를 이루면서 기술적인 요소가 더해져 무대에서의 공연이 이루어지고 있다. 오늘날 인류사회는 세계화가 크게 진전되면서 지식 정보 그리고 문화적 가치를 창출하는 사회로 빠르게 변화되어가고 있다. 문화중심의 가치는 삶의 질을 향상시키고 빠른 속도로 발전하는 사회에 융합되어 행복한 삶을 위한 하나의 조언이 되기도 한다. 예술문화에 대한 이해는 단순히 문화상품의 소비로만 끝나는 것이 아니라 개인적 선호도를 변화시키기도 하며 육체와 정신의 건강을 증진시키고 추후에도 지속적으로 예술문화를 접하게 되는 강한 동기가 되기도 하는 것이다.

2

넌버벌 퍼포먼스의 개념

넌버벌 퍼포먼스(non-verbal performance)는 일반적으로 대사가 없는 비언어극을 말한다. 대사를 제외한 몸짓, 소리, 음악 등을 포함한 종합적인 무대요소로 구성되어 있는 공연장르를 말한다.

넌버벌 퍼포먼스는 기존의 연극이나 클래식 공연 등 전통적 공연양식과는 달리 대사나 특별한 메시지가 없이 진행된다. 이러한 형식의 시도는 대중이 상대적으로 향유 기회가 적었던 순수 공연예술인 연극, 오페라 등에 대한 심리적 거리감을 조금씩 해소하면서 관객과의 밀접한 교류가 이루어지기 시작했다.[30]

공연예술 분야에서 performance 개념이 널리 사용되고 있다. 퍼포먼스의 개념은 언어와 문화를 뛰어넘어 창작으로 보다 자유롭고 제한없이 접근할 수 있는 분야라 할 수 있다. 순수예술 분야의 다양한 시도와 접목을 통해 때로는 무대가 아닌 장소에서도 자유롭게 표현되기도 한다.

전시교(2004)는 퍼포먼스의 어원은 라틴어 'perfunctio' 또는 'functus(onis, fungi)'에서 유래한다. 라틴어 사전에 의하면 접두어인 'per'은 다양한 의미를 지녀서 공간적인 측면이나 시간적인 측면, 어떤 일을 행할 때 사용되는 도구적인 측면에서 그 뜻을 헤아려볼 수 있다. 이러한 사실로부터 우리는 퍼포먼스가 일정한 공간 안에서 제한된 시간 안에 어떤 매체를 사용해서 행해지는 예술형식임을 유추해낼 수 있으며 퍼포먼스, 문화적인 퍼포먼스, 정치적인 퍼포먼스 등으로 구분할 수 있다.

비언어극 넌버벌 퍼포먼스의 생성 발달 배경에는 20세기 초 프랑스와 독일을 중심으로 자연주의와 고전주의에 대항하여 등장한 예술운동 아방가르드

---

30) 대표적 넌버벌 퍼포먼스로 알려진 튜브스와 스톰프는 1991년에 세계에 첫 선을 보이며 언어의 장벽 없이 누구나 쉽게 이해하고 공감할 수 있는 몸짓과 소리를 통해 세계인들에게 주목을 받았다. 이지은(2010). p. 5.

(avangarde) 경향과 1950년대 해프닝(happening) 그리고 1960년대 이후의 이벤트(event)와 1970년대 이후 퍼포먼스라는 용어로 대변되는 급진적 예술운동들이 존재한다. 여기서 우연성과 즉흥연기를 지향하는 행위가 이루어졌고 공연자와 관객 사이, 그리고 예술 간의 장벽을 허물려는 시도가 행해졌다. 특히 서구 지배 문화의 강한 반발이 일어났던 1960~70년대 미국과 유럽의 연극운동은 기존 연극에서 관객이 허구적인 환영과 사건에 몰입하게 되면서 인식력을 갖지 못한다는 사실에 문제의식을 갖고 '능동적인 관객참여의 중요성'과 '새로운 무대 공간의 필요성' 등을 강조하였다. 대표적 극단으로 미국의 리빙 시어터(Living Theater), 오픈 시어터(Open Theater) 그리고 폴란드 연출가 그로토프스키(Grotowski)의 실험극단 등이 있다.31)

김수형(2008)은 퍼포먼스의 특징을 다음과 같이 정의하고 있다.

첫 번째, 다른 예술 장르들과의 밀접한 관계를 갖는다. 두 번째, 관객 참여를 위한 다양한 전략을 구상하여 관객들과 상호작용을 유도한다. 세 번째, 리듬과 비트 등으로 구성된 서양의 넌버벌 퍼포먼스와 달리 우리나라 넌버벌 퍼포먼스는 스토리 전개로 공연을 이끌어나간다. 앞으로 공연은 새로운 접목과 시도 그리고 다양한 소재의 개발을 통해, 장르 파괴, 기본 틀의 탈피, 문화적 특징의 캐치, 시대적 생활의 적용, 독특성이 드러난 형태의 공연 등으로 차별화 방안을 모색하여 기획되어야 대중들과의 원활한 소통이 가능할 것이다.

넌버벌 퍼포먼스는 기존의 연극이나 뮤지컬, 공연과는 다르게 대사가 없이 진행된다. 이는 몸동작이나 행동으로 대화하는 방식으로서 관객과의 밀접한 소통이 이루어지기 시작했음을 뜻한다. 관객과 무대의 경계가 허물어지고 상호작용이 활발하게 이루어지며 정해진 대사가 없이 행동으로의 움직임이 진행되는 넌버벌 퍼포먼스는 관객과 함께 공연을 이끌어나가며 공유하는 공연물이라고 할 수 있다.

한국문화의 태권도 공연예술은 세계화의 추세에서 언어의 장벽을 초월한

---

31) 이원현(2009). 한국 넌버벌 퍼포먼스의 본질과 방향성에 대한 재고. 공연과 리뷰. 제64호. pp. 48-49.

non-verbal performance로 국경을 넘어 세계시장에 진입할 수 있는 가능성과 방향을 제시해주고 있다.

3 현대 공연예술의 산업적 가치

최근 '블루오션'이라는 낯선 경영학 용어가 우리 사회에 선풍적인 관심을 끌었다. '경쟁자가 없는 무한 새로운 시장'을 의미하는 이 용어의 개념을 보유하고 있는 가장 대표적인 기업으로 뜻밖에도 세계적인 유수 기업들을 제치고 캐나다의 공연 기획사 태양의 서커스(cirque du soleil)가 지목되어 더욱 큰 놀라움과 화제를 불러일으켰다. 태양의 서커스(cirque du soleil)는 기존의 전통적인 서커스 공연을 이른바 '아트 서커스(Art circus)'라는 새로운 형태의 공연장르로 탄생시켜, 전 세계적으로 연간 수십만의 관중들을 모으며 런던의 웨스트엔드, 뉴욕의 브로드웨이 뮤지컬과 함께 세계 공연산업을 주도하고 있는 엔터테인먼트 회사이다.[32]

1984년 캐나다 퀘벡주의 작은 마을의 거리에서 서커스 쇼를 선보이는 거리극 형태의 극단으로 창단된 태양의 서커스는 연매출 5억 달러가 넘고, 기업의 가치는 10억 달러에 이르는 글로벌 기업으로 성장했다. 캐나다 몬트리올에 본부를 두고 전 세계를 무대로 왕성한 사업을 펼치고 있는 태양의 서커스는 직원 3,000명 중 600명만이 배우고 나머지 1,400명은 서커스 공연을 뒷받침하는 행정, 기획, 무대, 분장, 의상, 소품담당 등 공연 관련 스태프들로 구성되어있을 만큼 공연기획과 준비에 많은 투자와 노력을 기울이고 있다. 7개의 투어 공연과 6개의 상주 공연 레퍼토리를 가지고 있으며 전 세계적으로 매주 평균 6만 명이 공연을 관람하고 있고, 지난 20여 년 동안 전 세계 90개 도시에서 4천만 명이 관람한 것으로 조사된 바 있다.[33]

---

32) 송희영·박선미(2009). 공연예술축제기획. p. 13.

2007년과 2008년 각각 "퀴담"과 "알레그리아"를 가지고 두 차례의 내한 공연을 가진 바 있는 태양의 서커스는 2007년 3월 29일부터 6월 3일까지 10주 동안 국내에 상연한 "퀴담" 공연으로 매출액 151억에 이르는 2007년도 상반기 국내 최고 흥행성적을 거두었다.[34]

태양의 서커스 사례에서 보는 바와 같이 '문화의 시대'로 통하는 21세기의 특징은 문화예술의 가치와 역할에 대한 사회적 인식에 커다란 변화를 가져온 것이다. 예술문화는 앞에서 언급한 내용과 같이 대표적인 블루오션으로 예술 공연의 가치를 문화상품화하여 자국의 문화산업을 진흥시키려는 연구와 노력이 전 세계적으로 활발하게 이루어지고 있다. 또한 공연기획사 태양의 서커스는 공연예술을 모태로 문화상품 개발에 성공하여 공연예술의 산업화 가능성을 선명하게 보여준 문화기업경영 사례로 전 세계 공연기획자들의 귀감이 되고 있다.

이처럼 문화산업이 현대 산업사회에서 중요하게 인식되고 있는 것은 지역경제 발전에 영향을 끼치는 경제적 효용가치 때문이다. 그렇다면 공연문화산업이란 정확히 무엇을 의미하며, 무엇을 어떻게 하여 문화산업을 발전시켜야 할까? 우리나라의 문화산업진흥 기본법에 의하면 문화산업은 "문화상품의 생산, 유통, 소비와 관련된 산업"으로 정의된다. 문화와 예술을 상품의 소재로 하여, 일반 대중의 정서적인 수요를 충족시키기 위한 목적으로 생산되는 상품과 서비스 등 문화상품(cultural product)을 대량으로 제작, 판매하는 산업 영역을 일컫는다.[35]

즉 문화산업은 인류의 창의적이고 정신적 활동의 결과물인 문화예술의 무형적 가치를 원동력으로 삼아 부가가치를 창출하는 잠재력이 풍부한 지식산업인 것이다. 한편, 문화산업의 대상이 되는 문화상품은 한 사회나 집단이 보유하고 있는 문화적 자원이 집약되어 산출된 결과물로서 고객인 소비자가 실용적 목적이 아닌 미학적, 표현적 목적을 가지고 소비하는 비물질적 상품을 의미한다. 예

---

33) 중앙일보(2006.12.1.). http://www.joongang.co.kr
34) 헤럴드경제(2007.7.10.). http://biz.heraldm.com
35) 송희영·박선미(2009). 앞의 책. 재인용. p. 13.

를 들면 문학, 출판, 음악, 음반, 미술, 조형, 디자인, 수공예, 공연예술, 영화, 비디오, 게임용 소프트웨어, 건축설계, 관광, 축제 및 다양한 형태의 여가, 오락, 문화이벤트 등이 문화상품에 포함된다.[36]

태권도 문화산업 공연예술의 성공은 서비스업이나 제조업에 비해 생산성, 부가가치 고용창출 등에 월등한 효과를 나타내는 블루오션의 무한 시장으로 한국의 이미지 제고는 물론 한국 공연산업을 주도하면서 태권도 공연과 관련된 일자리 창출과 경제적 부를 함께 영위할 수 있을 것이다.

그러나 성공만큼 흥행 실패의 위험성을 내포하고 있다. 성공하면 보다 큰 이익이 보장되지만 성공 확률이 비교적 낮고 위험도가 높은 특성을 가지고 있다는 의미이다. 따라서 태권도가 가지고 있는 예술성을 공연산업과 접목하려면 공연에서의 성공과 실패를 감안하여 여러 가지 상황을 설정하고 대비해야 함은 물론 경제적인 측면 또한 신중히 검토하는 과정이 필요하다.

또한 영화나 인쇄물과 같이 반복되어 보여지거나 읽혀지는 것이 아니라 일회성의 무대예술이므로 현장에서 관객과 공연자가 소통하며, 감동이 극대화될 수 있도록 계획하여 한국 공연의 문화상품적 가치로 인정받는 태권도의 공연예술로 창조되어야 한다.

---

36) 문화산업진흥 기본법에서 문화산업 범주를 다음과 같이 4가지로 구분하고 있다.
  1. 영화, 음반, 비디오물 및 게임물, 출판, 인쇄물, 정기간행물, 방송 영상물 관련된 산업, 문화재와 관련된 산업
  2. 문화적 요소(예술성, 창의성, 오락성, 여가성, 대중성)가 체화되어 경제적 부가가치를 창출하는 캐릭터, 애니메이션, 디자인, 광고, 공연, 미술품, 전통공예품과 관련된 산업
  3. 영상 소프트웨어 중 양방향성 멀티미디어 기술을 이용한 멀티미디어 콘텐츠와 관련된 산업(정보통신 관련기술지원은 제외)
  4. 기타 전통적인 소재·기법·이미지를 활용한 의상·식품·주거·조형물·장식용품 소품 및 생활용품과 관련된 산업 및 위의 문화상품을 대상으로 하는 전시회, 박람회, 견본시장, 축제 등 이벤트의 기획 운영등과 관련된 산업
  문화산업진흥 기본법 법률 제10724호 일부개정(2011. 05. 25).

04 태권도 시범의 공연예술로서 가치창출 방안

1 태권도가 가지고 있는 무도적 가치

태권도는 명상을 통해서 다음과 같은 몇 가지 실질적인 장점을 얻을 수 있다.

첫째, 명상은 산만한 마음과 정신을 가라앉혀 무도 훈련에 집중력을 높이게 한다. 둘째, 명상을 통해 바르게 호흡하는 방법을 배우게 된다. 적절한 호흡법은 무도에서 기술을 하기 위한 준비방법과 기술을 쓰기 위한 방법으로 사용하며, 힘을 증가시키는 매우 중요한 요소이다. 이러한 명상(묵상)은 기(氣)를 함양하는 주요한 방법으로 여겨진다. 셋째, 호흡법으로 효과적인 기술의 사용과 무도의 정신적 유익함을 위해 꼭 필요한 평상심을 증진시킨다.[37] 넷째, 강한 정신의 수련으로 마음을 다스려 어떠한 상황에도 흔들리지 않고 침착함과 냉정한 결단력을 가질 수 있는 정신을 길러준다.

---

37) Daeshik Kim, Allan Back(2002). 무도론. p. 33.

　태권도는 기술과 정신의 혼합체이다. 다시 말해 태권도란 단순히 격투 기술만을 의미하지 않으며, 여기에 어떤 정신적인 요소가 개입되어 있을 때라야 비로소 태권도라고 말한다.

　김석련(2009)은 태권도 수련에 있어서 무예 정신의 최대 미덕이라 하면 힘든 훈련을 참고 견디는 인내와 절제를 통하여 싸움을 미연에 방지하는 데 있는 것이다. 태권도의 모든 동작과 기술은 몸짓 하나에 목적과 의미를 가지고 수련할 때 본질적 목표에 도달할 수 있는 것이다.

　태권도는 실용적인 술(術)에서 철학적인 도(道)로 수련의 목적과 가치의 전환이 나타났으며[38] 이는 기술과 정신이 함께 추구되어야 함을 의미한다. 단지 기술은 기계체조나 기교를 부리는 것에 불가하다. 수련을 통하여 신체적 기능을 숙달시키며 정신의 연마도 함께하여 바른 인격의 형성과 새로운 인식의 체계를 만들어가는 과정이 있어야 하는 것이다.

　겨루기, 품새, 격파에서 실천적 행동의 정신을 풀어보면 다음과 같다.

---

38) 태권도의 실용적인 기술은 현재 앞서 있지만 도(道)로의 수련의 목적과 수련의 가치의 전환이 필요하다고 보고 있다. 기술만 있는 것은 기교를 부리는 것에 불과하다. 기술은 정신이 들어가야만 태권도 동작이라 말한다. 곽택용(2003). 태권도 무도적 가치와 스포츠적 특성. p. 71.

겨루기에서 전략전술까지를 포함하는 기술의 주고받음의 매개가 바로 상대성이다. 기술의 완성은, 즉 상대방과의 겨루기에서 그 본모습을 시험할 수 있다고 본다. 발딛기(step)에 의한 전술 기술의 습득은 수련을 통한 도전정신, 인내, 그 동작의 완성을 이루려는 신념을 통하여 완성된다. 즉 기술을 얻기 위한 끊임없는 수련의 모습이 있어야 함을 의미하는 것이다.

격파의 기술은 단련의 의미를 가지고 있다. 단련하지 않고는 몸에 상해를 입을 수 있으며 단련은 하루아침에 이루어지지 않고 오랜 세월의 시간이 지나야 뼈와 근육, 정신이 단련되어 자신의 한계를 넘는 격파를 하게 된다.

품새 수련은 상대방과의 싸움이 아니라 자신이 정해놓은 예측가능한 상대와 싸우는 기술이다. 반복의 수련은 기술의 우위를 보일 수 있으나 자칫 흥미와 실전성을 잃을 수 있다. 즉 실전과 같은 수련의 땀방울이 있어야 품새에서 요구하는 완성을 이룰 수 있다고 하겠다. 이는 자신과의 싸움에서 이기는 것이요, 곧 수련을 통해 자신의 감정을 통제하고 실행하고자 하는 곳에 몸과 마음을 몰입시키는 집중력을 발휘하는 것이라 할 수 있다.

무도 수련의 진정한 가치는 단순한 기술적 숙련이나 기술의 실용적 효용성의 극대화에 있는 것이 아니라, 기술의 완벽을 추구하는 과정과 체험을 통해서 자아실현 또는 깨달음이라는 기술 이상의 가치를 추구하는 것이다. 이러한 기술 이상의 가치에 대한 실현은 신체 운동과 기능에 대한 동양적 접근법의 핵심인 수행적 체험을 통해서 나타난다. 무도수련을 하나의 수행으로 인식하게 되면 기술과 깨달음은 기술과 도의 관계로 나타나게 되고 여기서 무도에 고유한 인식론적 전체, 즉 기술을 통한 도의 실현이나 체득이라는 개념이 드러난다. 이러한 접근법은 신체와 인식을 이분하는 서양적 접근법에 대비되는 것으로 동양의 심신 일원론적 철학을 잘 반영하고 있다.[39]

---

39) 무도의 본질에 대하여 말하고 있으며 기술의 완성을 통한 과정에서의 깨달음이 태권도의 정신이자 철학적 본질이라 말한다. 스티븐 캐퍼너(1998). 동양 무도 수련관의 변천과 현대적 의미. p. 101.

태권도의 무도적 측면에서 태권도를 살펴보면 아래와 같다.

태권도는 남녀노소 어떤 사람이나 제한 없이 아무런 무기를 지니지 않고, 언제, 어디서나 손과 발을 사용해 방어와 공격의 기술을 연마하여 심신의 단련을 통해 인간다운 길을 걷도록 하는 무도이자 스포츠로 정의된다.[40] 글자 그대로 태권도(跆拳道)의 '跆'는 발로 뛰고 차고 밟는다는 뜻이고, '拳'은 주먹으로 찌르거나 혹은 부신다는 뜻이며, '道'는 올바른 길, 즉 정신수양을 말함인데 이를 총괄적으로 말하면, 맨손과 맨발로 차고 지르고 막고 피하는 등의 동작들을 적절히 이용하여 최대의 타격을 주는 기술에 정신수양을 포함한 무도·스포츠라 할 수 있다.

또한 마음과 수련을 통하여 올바른 가치관을 형성시켜 자아완성의 의지를 실천하도록 하는 행동철학의 의미도 가지고 있다. 신체활동을 통하여 좌우대칭의 균형적인 발달과 건전한 정신과 건강한 신체를 단련하기 위한 무도이며 누구나 배울 수 있고 상대가 어떠한 형태의 공격을 하더라도 피할 수 있으며, 장소에 구애받지 않고 수련할 수 있는 맨손 운동이다.

김철(1986)은 "태권도는 인간의 신체를 바탕으로 이루어지는 자기실현(self-realizition)이며 자기 자신이 수련하는 자기교육(self-education)이다"라고 하였고, 이종우(1975)는 '인간 생존 의식의 육체적 표현인 동시에 정신적 욕구를 구체화하려는 체육활동'이라고 하였다.

태권도의 정신은 수련을 통하여 인내와 절제를 배우고 그로 인하여 어떤 일을 해낼 수 있다거나 어떤 일이 그렇게 되리라는 것을 굳게 믿는 힘을 갖추게 되어 목표를 이룰 수 있는 힘이 생겨난다. 이는 결국 겸손과 겸양의 미덕을 발휘하는 인격이 되는 것이다.

철학은 지식만 가지고 얻어지는 것이 아니라 경험을 통해 얻어지는 것이다.[41] 다시 말해서 지식만으로 행동을 표현할 수 없으며 행동하는 것으로만 보

---

40) 대한태권도협회(2011). 태권도란? http://www.koreataekwondo.org/
41) Rainer Martens(2007). 지도자는 철학적 사고가 있어야 한다. 코치의 과학. p. 8.

여지는 것이다.

태권도의 정신 철학은 말하는 것으로 표현되는 것이 아니라 행동으로 보여져야 하는 것이며, 그 행동은 수련과정을 통해 얻어지는 것이다. 태권도 수련에서 얻어지는 실천적 행동 정신이 오늘날 현대적 태권도를 말해주는 것이다.

공연에서 표현할 수 있는 태권도의 모습은 이러한 정신적인 모습이 겉으로 우러나오는 모습이라 할 수 있겠다. 태권도의 명상을 통하여 마음을 다스리고 호흡법으로 정신집중과 흔들리지 않는 침착함의 평상심을 보일 수 있는 것이다. 공연에서도 기술의 몸짓은 하나의 기술 묘기가 아니라 목적과 의미를 가지고 정신적인 요소를 함께 수련하여 목적에 도달할 때 비로소 태권도가 공연으로서 의미를 가질 수 있으며 태권도의 본질적인 수련 정신이 깃든 실천적 행동이 곧 현대 태권도의 무도적 측면이다. 공연으로 변화되어도 그 정신과 의미는 가지고 가야 할 것이다.

2 공연예술로의 가치

21세기 정보화 사회에서 각 나라마다 사정은 다르지만 공통적으로 문화예술이 창출해내는 사회적, 경제적 효과는 상상을 초월한다. 문화예술이 창출해내는 부가가치를 중요하게 인식하고, 문화예술산업을 육성시켜 국가의 기간산업으로 구축하려는 움직임이 활발하게 진행되고 있다.

공연예술은 그림을 그리거나 글을 쓰거나 사진을 찍거나 하는 개인이 혼자서 하는 예술행위와는 다르다. 공연은 각기 다른 분야의 예술가와 기술자가 모여 토론하고 타협하여 각기 다른 요소와 행위를 종합함으로서 조화를 이루고 통일된 예술작품을 창출하는 종합적이고 집합적인 예술행위이다. 이러한 공연예술이 언제부터 시작되었는지 정확하지 않다. 사실상 인간의 역사가 시작된 이래로 사람들은 그들의 존재양상을 여러 측면에서 흉내 내고 따라해왔다. 공연이란 '보고 보이는 관계'로 맺어진 예술적 혹은 비일상적이고 특별한 행위이다. 이 '보고 보이는 관계'는 무대와 객석이라는 공간적 규정에 의해서도 성립될 수 있고 기타 물리적인 환경으로 성립될 수도 있다. 공연의 가장 큰 특징은 바로, 표현 수단이 인간이고 인간의 삶 혹은 인간의지를 예술로 형상화하거나 구체적인 행동을 통해서 보여준다는 것이다.[42]

공연예술이란 무대에서 공연되는 모든 형태의 움직임을 의미한다. 공연예술은 인쇄화할 수 있는 문학소설과는 다르며, 영화의 필름과 같이 같은 내용을 같은 동작과 표정으로 반복해서 되돌려볼 수 없다. 무대에서 한 번의 공연이 끝나면 똑같은 의미의 동작을 재구성하기 어려운 일회성의 예술이라 할 수 있겠다. 공연 당시의 환경, 부수적인 무대의 조건들, 즉 조명, 분장, 음향, 무대 등을 담당하는 전문 인력과 관중과의 호흡 등이 함께 어우러지면서 만들어지는 일회성 공연은 상당한 의미와 중요성을 가지고 있다고 할 수 있다.

또한 관객과 공연자의 상호 소통이 원활히 이루어질 때 성공적인 공연으로 이어질 수 있는 기반이 되는 창조와 수용의 공연예술이다.

공연예술은 공공재적 특성을 가지고 있다. 공공재(public goods)란 경제학 용어로서, 소비의 비경합성과 비배제성을 가진 재화를 의미한다.[43] 어떠한 상품을 구매했을 때 보편적으로 그 물건은 구매한 사람의 소유물이 되며 그 물건에서 얻어지는 이익은 구매한 사람 당사자에게만 한정적으로 공급된다. 그러나 연극이나 무용, 음악, 뮤지컬, 오페라 같은 공연예술상품은 어떤 한 사람이 표를 구매해서 공연을 관람했다고 하여 공연물이 제공하는 가치를 혼자서 독점하는 것이 아니라 공연을 감상한 모든 사람들과 흥겨움과 감동을 공유하게 된다.[44]

즉 공연예술상품은 여러 사람이 함께 공유하고 소비하는 형태이며 공연예술이 제공하는 가치와 감동, 이익은 특별한 개인의 것이 아니며, 여러 사람에게 유용함이 골고루 돌아가게 된다.

---

42) 이문희·김수영·김미라(2007). 공연제작의 과정과 실무. p. 13.
43) 소병희(2000). 예술에 대한 지원: 논리적 근거화 현황. p. 173.
44) 송희영(2006). 공연예술경영 무엇을 어떻게 할까? p. 38.

공연예술의 작품은 특별한 가치를 인정받고 세상에서 유일무이한, 독창적인 창작물이다. 즉 예술상품은 기계화된 공작에서의 대량생산과정을 거쳐 제작되는 것이 아니라 예술가 한 사람 한 사람의 시간과 정성이 투여된 일종의 수작업(hand-made)과정을 거친 작품이다. 단 30분 길이의 곡을 쓰기 위해 작곡가는 일 년 이상의 시간을 투자하기도 하고, 고작 10분 내외의 무용 안무를 위해 무용가는 6개월의 스튜디오 밤샘 작업을 하기도 한다. 하나의 완제품으로 세상에 나온 예술상품의 가치를 가늠하는 생산비용 산출에 창작과정에서 가려진 예술가의 땀과 노력을 물리적으로 계산하기란 쉽지 않다. 이러한 것을 가리켜 예술경제학자들은 예술상품은 노동집약적 특성이 높은 서비스산업이라고 정의하였다.[45]

위 내용을 종합하면 공연예술의 특성적 가치를 5가지로 나눌 수 있다.

첫째, 공연예술은 몸으로 이용하여 무대 위에서 이루어지는 모든 것을 의미하며 실연으로 이루어진다.

둘째, 모든 공연예술은 한 번의 공연이다. 영화나 인쇄매체처럼 계속 반복적으로 틀거나, 찍어내는 것이 아니라 두 번 다시 같은 동작과 상황적 표현을 할 수 없는 일회적 성격의 공연이다.

셋째, 개인의 창작활동이면서 동시에 집단적 형태의 노력으로 이루어지는 작품이다. 작품이 이루어지기까지 연기자 외에도 전문 담당자들의 노력으로 공연예술을 완성시킬 수 있다.

넷째, 관객과의 소통을 전제로 관객들의 참여가 공연작품 속에 직접 간접적으로 영향을 미친다. 무대는 관객들과 근거리에서 마주보며 함께 호흡할 수 있는 소통의 장이 된다.

다섯째, 일단 막이 내리면 예술로서의 의미는 사라져버린다. 다만 관객들의 마음속에 감동이 있으며, 대본, 팸플릿, 비평 등으로 남을 수 있으나 같은 맥락의 재현을 할 수 없다.

---

45) 위의 책.

3

태권도 시범과 공연예술의 철학적 모순

　우리는 예술을 사고팔 수 있을까? 태권도의 공연은 사고팔 수 있을까? 하는 의문이 앞선다. 공연예술이 이제는 경영이라는 것의 문화산업적 성격을 띠게 되어 공연을 보기 위해서는 티켓을 예약하고 사용하는 일에 일반화되어 누구나 한 번쯤은 공연예약을 통하여 실제 연기자들과 함께 호흡하며 즐거운 시간을 보낸 적이 있을 것이다. 혹은 돈과 시간을 투자했음에도 불구하고 즐거움보다는 시간적, 경제적 아쉬움이 있는 공연도 있을 것이다. 경영적인 측면에서 보면 장기공연과 단기공연으로 나눌 수 있다. 아쉬움에 등을 돌린 관객은 공연의 홍보대사의 역할도 함께 수행에 악영향을 끼칠 수 있으며 이는 단기공연의 실패를 맛볼 수 있다. 요즘 인터넷의 발달로 맛있는 음식점이나 공연에 대해서 검색을 하면 누리꾼들은 신랄하게 호평과 비평을 한다. 달아놓은 댓글과 별점에 의해서 공연의 성공은 상당히 큰 영향을 받기도 한다.

　"예술도 상품이다, 예술이 돈이 된다." 사람에 따라 충격적인 말로 받아들여질 수도 있고, 반대로 흥미로운 일로 느껴지기도 할 것이다. 그렇지만 아무리 예술상품으로 간주한다 할지라도 예술상품은 슈퍼마켓이나 백화점에서 거래되는

일반 소비재나 공산품들과는 분명히 다른 고유한 특성이 있을 것이다. 첫째, 예술작품은 자동차나 가전제품과 같은 생활용품과 달리 소비자의 감성적 욕구와 필요에 의해 구매되는 무형적 가치가 매우 중시되는 상품이라는 점이다. 실제로 입장권 한 장에 몇십만 원이 넘는 외국의 유명 오케스트라나 발레, 오페라 공연 표를 사기 위해 흔쾌히 지갑을 여는 사람들이 우리 주변에 많이 있다. 그중에는 오직 공연 관람만을 목적으로 일본이나 홍콩 같은 이웃나라로 단기 여행을 떠나는 경우도 가끔 목격된다.[46] 한두 시간 동안의 소비만족을 위해 기꺼이 많은 돈과 시간과 에너지를 투자하는 것이다. 예술작품이 보유하고 있는 또 다른 특징 중의 하나는 예술작품의 독창성이다. 예술작품은 개인의 창의력을 무엇보다 중시하는, 즉 복제품을 인정하지 않는 독창적이고 유일무이한 특성을 가지고 있다.[47]

독창적이고 일회성과 같은 반복적인 공연을 할 수 없는 공연예술은 예술 경영과 맞물려 경영의 흑자를 우선으로 경영과 예술의 연관성을 가지고 있다. 이러한 측면에서 볼 때 태권도 시범의 공연화 과정은 다른 양상의 태권도를 의미할 수 있다. 또한 태권도의 본질적인 내면의 세계와 동떨어지는 기술 중심의 흥미 위주의 표현으로 가시화될 수 있음을 시사하고 있다.

공연예술의 문화산업은 태양의 서커스의 사례에서 볼 수 있듯이 문화를 예술 상품화하여 경제적 효용을 얻는 것에 그 첫 번째 목적을 두고 있다. 직원 3,000명을 두더라도 실지 배우는 600명에 지나지 않으며 나머지 1,400명은 공연 관련된 스태프들로 구성되어있다. 예술 행위를 하는 사람을 중심으로 하여 둘러싸고 있는 인프라 구성들이 경제의 효과를 얼마만큼 더 얻을 수 있는가에 초점이 맞추어져있다. 즉 예술성이 떨어진다 하여도 공연의 성공을 위해서는 사용되어 경제적 부를 창출하는 것이 목적이라 본다면 예술의 본질과 다르다고 할 수 있겠다.

---

46) 송희영(2006). 앞의 책. p. 32.
47) 소병희(2000). 예술에 대한 지원: 논리적 근거와 현황, 문화예술경제학 만나기. p. 117.

또한 태권도를 소재로 한 공연 중에 최고의 흥행을 이루고 이젠 하나의 브랜드로 자리 잡은 점프는 현재 80명의 배우들이 7천 회가 넘는 공연을 통해 3백만 명의 관객을 유치해왔다. 넌버벌(비언어) 형식의 공연으로서 대사 없이 소리와 동작만으로 이루어지며, 태권도와 택견을 비롯한 동양무술이 총망라된 마셜아트(martial arts)와 현란한 아크로바틱을 기본으로 하지만 구성과 내용면으로 본다면, 동양의 신비로움의 태권도(taekwondo)나 마셜아트(martial arts)보다 코믹스러운 연기 기술과 서커스에 가까운 묘기를 선보이고 있다. 또한 태권도의 동작을 음악적 요소와 접목시켜 변형된 손과 발 기술이 주를 이뤄 태권도의 동작이라 하기보다는 체조적인 익스트림 마셜아트(extreme martial arts)라 할 수 있으며 태권도의 기술의 정통성과는 동떨어진 면이 많아 태권도의 공연화에 바람직한 방향을 제시할 수 있는가는 의문이 있다.

그림 2. 방향성 추구에 대한 대립

<그림 2>와 같이 공연으로 가기 위한 양쪽의 반대 양상의 대립적인 요소가 있다. 공연예술이라는 것은 경제적 수익을 창출해낼 수 있지만 다른 한편으로는 흥행이 성공하지 못할 경우 경제적 파탄에 이를 수 있는 양면적인 특성을 가지고 있다. 현재 대부분의 태권도 소재의 공연이 이런 맥락에서 점프공연과 같은 지속적인 공연사례는 볼 수 없었다. 새로운 장르의 공연화를 통하여 근래에 태권도 소재의 공연들이 많이 시도되고 있지만 너무나 태권도적인 성향이 두드러지며, 태권도의 기술을 너무 부각시켜 이야기를 전개하려는 의도는 관객과 소통에서 외면받는 현실에 봉착해있다. 어떻게 보면 현실적으로 관객들이 외면

하고 있다는 것은 태권도 공연사업으로 경제적인 파탄에 이를 수도 있다는 경고의 메시지로도 함께 받아들여야 한다.

그림 3. 태권도 내재요소의 예술 추구

태권도의 동작은 인간의 정열과 노력, 정신집중을 통하여 심신합일, 심기합일의 경지에 도달함을 강요한다. 태권도의 다양한 기술적 표현은 기술의 완결과 섬세함을 느끼는 예술의 극치를 보여준다. "한 가지 기술은 만 가지 기술로 변화하고 만 가지 기술은 한 가지 기술로 귀의한다"라는 표현은 태권도의 변화무쌍한 기술 변화의 심묘함을 표현한다. 난이도가 높은 시범에서 고요와 침착성을 유지하여 정확한 동작의 표현을 위한 꾸준한 정돈상태의 유지는 정중동(靜中動)하고 동중정(動中靜)한 예술이다. 그리하여 인간의 한계를 극복하는 완성미를 창출한다.[48]

<그림 3>에서 보는 것과 같이 태권도가 공연화가 되기 위해서는 그 속에 정신적인 면을 토대로 역동적이면서도 화려한 기술을 선보이고 기술 표현 동작에서 아름다운 미가 나오며 이러한 요소가 접목이 되어 공연예술로 가야 한다는

---

[48] 깨끗한 도복과 엄숙한 예절과 조화를 이루는 손기술과 발기술의 날카로움이 유연하고 신속하게 조화되어 인간의 한계를 극복하는 완성을 창출한다. 점프의 예술 공연과 상반되는 태권도의 정수를 말하고 있다. 최영렬(2008). 태권도 시범론. pp. 40-41.

태권도의 예술 추구의 지향성을 말하고 있다.

그림 4. 공연의 필요 추구

또한 이와는 반대로 <그림 4>에서는 태권도가 공연으로 가기 위해서는 무엇보다 관객들의 반응을 토대로 특성에 맞게 변화되어가야 한다는 문화예술의 경제적 관점에서 말하고 있다. 이는 관객이 흥미와 즐거움을 가질 수 있으며 공연을 통한 관객과의 소통이 곧 경제적 부를 실현시켜준다는 예술이 추구하는 경제적 측면을 보여주고 있다.

현재의 태권도는 한국의 상징적인 문화유산으로서 동양의 어느 무예보다도 기술성과 체계성에서 앞서있으며, 2000년 시드니올림픽에서부터 올림픽 정식종목으로 채택되어 세계적인 스포츠이자 무도로서 국제무대에서도 명실공히 인정받고 기반을 확고히 구축하였다. 이러한 태권도는 손과 발의 단련을 통하여 기술 체계를 습득하고 상대를 제압하는 기술인 호신 능력을 가지게 된다. 그러나 이러한 기술의 근본은 정신수련에 바탕을 두어야 한다고 정의한다. 신체 단련을 통해 자신의 몸을 무기화시키는 것이 아니라 반복적인 수련을 통하여 인내를 배우고 이를 통한 자신의 언동을 절제할 수 있으며, 인격을 배양하고 건강한 신체를 만들 수 있으며 동시에 올바른 행동을 하여 사회적 존재로 적응하기 위함을 가르치는 교육적 가치도 가지고 있다.

　위 내용에서 살펴본 바와 같이 공연예술에서 추구하는 예술 문화산업적 목적과 태권도 시범의 목적은 상이한 다른 모습을 보이고 있음을 알 수 있다. 그렇다고 볼 때 우리는 과연 태권도 본연의 정신과 의미를 버리고 유희적이며 코미디적 요소를 강조한 공연예술로 가야 하는가에 대한 신중한 검토와 양쪽 측면의 조화를 추구하기 위한 노력이 필요하다.

4　공연예술과 태권도의 조화 방향성

　태권도가 가지고 있는 탁월한 시범적 요소가 예술의 형태로 발전되는 과정에서 여러 가지 난관에 봉착하게 되는 것과 철학적 사고를 함으로써 한 발 더 앞서 간다는 의미에서 볼 때 공연예술과 태권도의 조화의 의미는 상당히 중요하다.

<그림 5>는 태권도와 예술의 조화 방향성을 그림과 같이 제시하였다.

첫째, 무도로서의 태권도, 스포츠로서의 태권도, 예술로서의 태권도의 가치와 특성을 살려 표현함으로서 한국의 문화 상징이자 대표하는 공연예술로의 전환이 절실히 요구되는 21세기이다. 무대예술로서 태권도의 성공적 전환은 이미 진행되고 있다. 그러나 우리는 태권도 본연의 정체성과 기본이라는 틀 안에서 정체되지 않고 고정관념의 틀에서 벗어나 새로운 것을 수용할 수 있는 준비가 되어있어야 하겠다.

둘째, 태권도의 전통적인 무도적, 스포츠적, 예술적인 표현을 공연적인 특성에 맞게 변화시켜야 하며 때로는 관객의 입장에서 태권도를 보다 쉽게 이해하고 다가서게 하려는 연구와 모색이 필요하다고 본다. 태권도의 우수성만을 부각시키기보다는 공연예술로서 가치있는 상품으로 인정받기 위해서는 태권도의 독창적인 기술을 바탕으로 세계문화로 통용될 수 있는 보편적인 요소를 부가해야 할 것이다. 오랜 전통일지라도 관객과 소통할 수 있는 공감대를 불러일으킬 수 있어야 하기 때문에 알맞은 예술적 표현을 위해 보다 적극적인 노력과 상품화에 필요한 요소를 찾고 큰 맥락에서는 태권도의 정신과 혼을 불어넣을 수 있는 공연예술로서 거듭나야 하겠다.

그림 5. 태권도 예술의 조화와 방향

셋째, 태권도 공연은 태권도인이나 태권도를 모르는 사람, 누가 보더라도 태권도의 공연예술이라 느낄 수 있어야 한다. 때로는 관객과 소통하고, 즐거움, 긴장감, 통쾌함, 우정, 사랑, 대립, 화합, 평화, 용기, 승리, 패배 등의 가치를 주제로 담은 공연예술이 이루어져야 하겠다. 그렇다고 해서 너무 태권도에 치우쳐서는 이전의 공연과 별다른 차이점을 볼 수 없으며 전과 같은 결과를 얻을 수밖에 없을 것이다. 테마가 있는 스토리(story)로 상황에 맞는 요소를 개발하려는 노력이 필요하다. 즉 가슴에 쾌를 전달해주는 내용으로 안무를 짜고 구성해야 한다.

넷째, 작품 전체적인 흐름은 태권도 동작이 주를 이루어야 하며, 타 무술이 도입되더라도 태권도를 중심으로 강조하여 구성하여야 한다. 물론 연기자가 태권도인으로 주축을 이루면 더욱 좋겠지만 무용가나 다른 연기자라고 할지라도 태권도 동작을 완벽히 구사할 수 있도록 충분한 수련을 거친 배우이어야 한다. 이것은 연기자가 어떠한 상황에서 어떤 태권도 동작일지라도 작품 속에서 충분히 소화하여 태권도 동작을 구사할 수 있어야 한다는 것이다.[49] 마찬가지로 연기자의 입장에서도 어떠한 상황이든 연기연습을 충분히 하여 연기에 임할 수 있게 하는 것이 태권도를 소재로 연기하는 연기자로서 바람직한 자세가 될 것이다.

다섯째, 태권도 시범의 경우 칼이나 종, 눈가리개, 사다리 등을 이용한 격파 장면에서 이 소품들은 공연에서의 긴장감을 더욱 보강하는 효과를 가져다준다. 공연에서 소품은 실제적인 느낌을 살리는 시각적 효과를 부각시킨다는 점에서 중요한 요소이다. 또한 배우가 무엇을 말하려는지, 어떠한 행위를 하려고 하는지, 어떤 의미를 전달하고자 하는지를 관객에게 쉽게 전달하고 극적 상황을 전개하는 데 중요한 역할을 한다. 태권도는 맨손무예이기 때문에 소품을 활용하는 데 소극적이다. 그러나 태권도 시범에서 소품 사용이 극적인 효과를 위한 하나의 동기가 된다면 소품을 사용한 태권도 시범 공연은 크게 문제가 없음을 인

---

49) 권선징악, 사랑 등의 형이상학적 가치가 높은 내용을 담은 공연이 선행되어야 한다. 정재은·안용규(2007). p. 41.

지해야 하며 오히려 태권도를 살리기 위한 도구라면 적극적으로 활용할 수 있어야 한다.[50] 태권도가 무대예술로서 인정을 받고 성공하기 위해서는 무대예술 공연에 필요한 기술자가 모여 토론하고 타협하여 각기 다른 요소와 행위를 조화롭게 종합하는 과정이 필요하다. 또한 공연예술의 넌버벌 퍼포먼스는 일회성의 예술이라 할 수 있다. 공연 당시의 환경을 구성하는 무대의 조건들, 즉 조명, 분장, 음향, 무대 등을 담당하는 전문 인력과 관중과의 호흡이 함께 어우러지면서 만들어지기에 매회의 공연은 각기 나름대로 중요한 의미를 지닌다고 할 수 있겠다.

여섯째, 관람객들에게 실제 시범을 보임으로서 감탄과 감동의 즐거움을 줄 수 있는 공연으로 탈바꿈하여야 한다. 때로는 권선징악의 긴장감이 맴돌고, 때로는 위급한 상황에서 극적으로 벗어난다든지, 때로는 생각지 못한 관객들의 반응을 이끌어내어 함께 소통하는 장을 만들며, 사랑, 그리움, 격투, 이별, 슬픔 등의 주제를 잘 엮어 태권도 기술과 예술적 소재가 적절히 조화되어 기획될 때 문화예술상품으로서의 가능성과 지표를 적절하게 보여준다고 할 수 있다.

이는 태권도가 공연예술로 나아가기 위해 선행되어야 할 과제이자 지향점이 될 것이며, 새로운 '블루오션' 분야를 개척하여 신화적인 기록에 도전할 만한 새로운 부가가치에 대한 가능성을 제시해주고 있다.

---

50) 특히 내용과 의미를 전달하는 데 도움이 되는 소품이라면 적극적으로 권장되어야 한다. 정재은·안용규(2007). 무대예술로서의 태권도의 가능성. p. 27.

공연예술로서의 태권도 공연의 변화

1) 태권도 고유의 공연요소적 특성

태권도의 동작은 공연을 하기 위한 요소로 충분한 소재를 가지고 있다. 화려한 발기술은 올림픽 경기의 정식종목으로 2004년 그리스 아테네 올림픽 문대성 선수가 결승경기에서 태권도의 꽃이라 불리는 뒤 후려차기 기술을 그리스의 강력한 우승 후보 상대로 선보여 한방의 KO로 태권도의 위력과 회전의 예술적 아름다움이 함께 공존해있는 발차기를 구사하면서 태권도가 가지고 있는 빠른 스피드에 위력적인 기술과 예술성을 한 번에 보여준 사례라고 할 수 있겠다.

공연예술 전문가들은 태권도가 가지고 있는 특색이 공연요소로서 표현되어지는 것에 대하여 다음과 같이 말하고 있다.

> 태권도는 공연예술이라기보단 무예에 가깝다.
> 태권도 공연은 딱딱한 느낌보다 관중들과 친화적인 느낌으로 바뀌어야 한다.
> 태권도의 저변을 확대하거나 공연을 통해 태권도의 다른 측면을 보일 수 있다 (HM).
>
> 태권도 파워풀 화려한 기술, 활기찬 스포츠(CH).
>
> 기술 다이내믹. 시각적 효과 극대화. 예술적인 아름다움으로 표현하는 데 적합하다(YE).
>
> 태권도의 종주국이며 몸을 사용하여 다이내믹한 공연을 연출하며 국가지원이 좋다(YS).
>
> 태권도 공연은 발차기와 춤, 아크로바틱한 장점과 남성다움, 태권도만의 특별한 기술들을 보여줄 수가 있다(NA).

태권도는 다른 무술과 달리 화려한 발차기의 특징을 가지고 있다. 위 공연전공자들이 말하는 면담 내용에서도 태권도의 기술을 볼 때 활기차고 동작 속에 무언가의 아름다움이 들어있고 몸을 사용하여 다이내믹한 태권도 동작의 특별한 기술이 내재적, 외형적 표현을 할 수 있다는 요소가 충분히 들어있다는 점에서 여러 전공자들의 의견이 일치하는 것을 볼 수 있다.

기존의 태권도 시범은 무예적 요소를 가지고 있으며 화려하고 특별하여도 너무 딱딱한 성격의 내용들이라 대중들이 접근하기에는 어려움이 있다. 따라서 공연을 통해 대중과 함께 소통할 수 있는 친화적인 느낌으로 변해야 함을 주장하고 있다. 또한 태권도에 가벼운 유희적 요소를 어떻게 접목시킬 것인가의 문제와 전문적인 동작들을 예술적 표현으로 극대화시키기 위한 방안에 노력을 집중해야 한다. 태권도의 장점과 특색을 살려 태권도를 더욱 부각시키고 파워풀한, 웅장한, 감동적인 장면을 현재 실연을 통하여 관객에게 보이고 전달할 수 있겠다.

이러한 태권도 특색의 요소를 찾아 몸으로 표현하는 넌버벌 퍼포먼스의 전달 매채를 객관화, 일반화하여 대중과의 연결고리를 만들어야 이해와 소통으로 공연을 표현할 수 있다.

2) 태권도 공연의 한계점

태권도가 공연을 하기 위해서는 기존의 틀을 벗어나 공연의 한 예술로서 관객들에게 보다 태권도를 더 잘 전달할 수 있어야 한다. 그렇게 되면 태권도 소재를 접목하여 새로운 넌버벌 퍼포먼스의 태권도 공연이 나올 수 있다. 그러기 위해서는 다음과 같은 태권도 공연에 대한 문제점과 풀어야 할 숙제를 제시하고 있다.

태권도의 공연은 틀 안에 갇혀있다. 창작의 범위가 한계성이 있다. 기존에 있던 태권도에 벗어나 체조나 댄스를 넣었던 것이 훨씬 더 부드럽고, 일반적인 퍼포먼스와 잘 접목시켜 나타내어야 한다. 종주국이라는 측면도 중요하지만 월드 와이드적으로 다른 무술과 차별화시키고 부드럽게 인식시켜야 한다. 국민들의 눈높이는 높은데 기대에 못 미치는 경향이 있다. 태권도만의 정체성을 나타내 주었으면 좋겠다(HM).

부드러움, 우아함이 없다(CH).

(절도, 박자, 고유리듬)태권도만의 정박이 아닌 새로운 리듬으로 부드러움과 정형화된 틀을 개선해야 한다. 릴렉스가 부족하다(YE).

(연극 = 공연) 연극을 알아야 한다. 연극적 요소를 이해하며 연기력을 습득해야 한다. 기존에 태권도 배우들도 연극을 배워야 한다(YS).

연출적인 부분과 대본, 스토리, 음악, 종합예술적인 부분에서 미흡하다. 태권도가 가지고 있는 기술과 종합예술적인 부분을 잘 접목시켜야 할 것 같다(NA).

태권도 시범은 현재 공연화에 발맞추어 음향, 의상, 스토리 무대 등에서 변화를 시도하고 있다고 생각하지만 공연전문가들의 생각은 달랐다. 태권도가 정해놓은 틀 안에서 태권도다운 태권도인들만의 공연을 하고 있으며 그 안에서 공연창작의 한계성에 대하여 충고하고 있다. 강한 타격의 빠른 움직임뿐만 아니라 음악과 댄스, 체조적인 요소를 접목해 보다 따라하기 쉬운 콘텐츠로서 태권도로의 변화가 시급하다.

현재 태권도 시범은 태권체조, 태권무 등으로 태권도와 음악, 체조를 함께 어울려 태권도를 보다 쉽고 재미있게 여러 가지 테마의 요소로 변화를 시도하고 있으며 구성요소로 태권체조가 자리 잡고 있다.

체조와 태권도의 접목이 기존 틀에 벗어나지 못하는 한계점이라고 생각할지 모르겠으나 태권도는 다른 무술과 달리 빠른 현대적 요구에 맞춰 변화하고 있다. 태권체조의 새로운 탄생으로 도장 및 태권도 관련 학과의 교과목에서 정식 과목으로 인정받고 있다. 이것은 공연요소로 한 걸음 다가서 있다고 말할 수 있겠다.

그러나 태권도가 가지고 있는 새로운 리듬을 찾고 만들어야 하며 부드럽게 연결되는 동작의 연구 및 추가가 필요하겠다. 또한 퍼포먼스를 하기까지는 관객과 소통하고 몸으로 표현할 수 있는 연기력은 필수적이라 하겠다. 그러기 위해서는 태권도 전공 배우들도 연기력을 배워야 한다. 공식적인 연기과목의 학습적 교육을 통해 관객에게 전달할 수 있는 최대한의 전달 메시지를 이해할 수 있는 접근적 행동교육이 필요하겠다. 이는 연기를 소화할 때 공연스토리가 이어질 수 있다고 본다. 공연스토리는 태권도 공연화에서 중요한 부분을 차지할 수 있는 이야기의 전달 매개체이다.

공연의 가장 큰 틀로 볼 때 공연이 끝나고 그 공연의 성공적인 관점은 진한 감동의 메시지 전달을 하느냐 못하느냐가 성공과 실패의 결과적 성과를 판가름할 수 있겠다. 연극과 같이 언어로서 대화를 통하여 이야기가 전달이 되는 것은 어떻게 보면 퍼포먼스보다 쉽게 이해하기 좋은 접근방법으로 감동을 줄 수 있다. 하지만 몸으로 이야기를 전하는 것은 연극보다 더 숙련된 연기력과 탄탄한 스토리가 있어야 태권도의 종합적인 공연예술로서 새롭게 태어날 수 있다. 요즘 여러 가지 융합이라는 단어들이 유행처럼 번지고 있다. 태권도 또한 여러 요소의 접목과 융합이 필요하며 각 분야별 전문가들이 함께 노력할 때 태권도 공연예술의 한계점을 벗어날 수 있을 것이다.

3) 태권도 공연화를 위한 변화 모색

공연화가 되기 위한 방법으로 이제는 한국적 문화만이 아닌 글로벌 시대에 맞는 언어의 장벽과 표현의 한계를 벗어나 함께 공유할 수 있는 태권도 공연예술이 될 수 있어야 한다. 몸으로 행동하는 퍼포먼스는 전 세계의 공통 언어로 신체언어(body language)와 같은 비슷한 의미를 전달할 수 있다. 비언어적 의사소통으로 언어가 달라 말이 안 통할 때 사용[51]하는 몸짓언어 또는 제스처(gesture)는 의사소통 수단의 하나로 손이나 얼굴, 몸을 이용해서 전달하는 언어적 의사소통[52]으로 사용되는 동작들을 연구하여 한층 더 태권도 동작과 신체언어적 행동을 부각시켜 언어의 한계를 넘을 수 있는 태권도 공연으로 변화되어야 하겠다.

> 지금 현재 5개 대륙의 사람들과 소통하고 있다. 태권도 공연화에서 사람들에게 공연을 얻으려면 각 나라별 정서와 문화에 맞춰 변화해야 한다고 생각한다(HM).

> 우아함, 연구개발이 필요하겠다. 무용 같은 느낌, 우아한 동작과 활기찬 면을 찾아내야 한다(CH).

> 시범과 공연은 다르다 연기적 요소를 습득하며 표현을 극대화시켜야 한다(YE).

> 구성적인 면(구도, 적절한 동작과 타이밍 볼거리)을 더 잘 살려 태권도와 매치시켜야 한다. 스토리의 대본과 태권도 동작의 응용 태권도는 풍부한 동작을 가지고 있다. 이를 연출과 더 접목시켜 예술적인 도움을 받아야 한다. 예술적인 측면과 태권도를 잘 접목시키면 세계적인 태권도 공연이 될 수 있다고 생각한다(NA).

인터뷰에서는 태권도 공연의 한계점에서 대두되었던 연기력과 스토리에 대한 중요성을 다시 한 번 강조하고 있다. 공연화를 위한 변화가 시작되어야 하며

---

51) 위키 백과. 신체언어(2011. 11. 30.). http://ko.wikipedia.org/wiki.
52) 위키 백과. 몸짓언어(2011. 11. 30.). http://ko.wikipedia.org/wiki.

예술적인 측면의 태권도 동작을 보다 풍부한 표현으로 극대화시켜 전환해야 한다. 그런 동작 연출을 통해 태권도가 가지고 있는 특유의 무예의 성격과 공연예술적인 느낌을 잘 살릴 수 있도록 표현되어야 한다.

이는 태권도의 활기차고 역동적인 기술과 느리면서도 우아한 동작들을 멋스럽게 조화시켜 연출해야 하며 구도에서 이루어지는 태권도의 느림과 빠름을 적절하게 매치시켜야 태권도적인 감동과 스토리를 전달할 수 있겠다.

📑 참고문헌

곽택용(2003). 태권도의 무도적가치와 스포츠적 특성. 한국체육대학교 대학원. 석사학위논문.

곽택용(2007). 태권도 경기시술 용어 변천과 사용실태. 대한무도학회지. 9(2). pp.113－128.

곽택용·김중헌·김주연·임태희(2009). 전통무예 역사교육 신체학문에 관한 정체성을 탐구하다. 제14회 전통무예 시연회; 용인대학교 무도연구소. pp.115－130.

국기원(2006). 태권도교본. 서울: 오성출판사.

국기원(2007). 3급 태권도 지도자 연수교재. 서울: 광진사.

국기원(2008). 국기원 시범단 시범프로그램(국가대표시범단).

국기원(2010). 태권도 기술 용어집. 서울: 대한미디어.

국기원(2011). 3급 태권도 지도자 연수교재. 서울: 예원기획.

국기원(2012). 국기원 표준수련지침서. 서울: 아이씽크피앤디.

김복수·강돈구·이장섭·전택수·오만석·박동준(2003). '문화의 세기' 한국의 문화정책. 서울: 보고사.

김세혁(1993). 태권도 경기의 공격 및 발놀림 유형에 따른 시도횟수와 성공도 분석. 인하대학교 교육대학원 석사학위논문.

김수형(2008). 뮤지컬 공연 시장의 브랜드 포지셔닝 전략 연구: '점프'공연의 브랜드 포지셔닝 전략을 중심으로. 단국대학교 경영대학원. 석사학위논문.

김용옥(1989). 아름다움과 추함. 서울: 통나무.

김용옥(1990). 태권도철학의 구성원리. 서울: 통나무.

김은향(1999). 한국 공연예술의 활성화에 관한 연구. 연세대학교 언론홍보대학원 석사학위논문.

김창룡(1991). 스포츠의 미학적 개념 정립에 관한 연구. 서울대학교 대학원. 박사학위논문.

김창룡·임일혁(2003). 태권도 경기 겨루기에서의 미적 탐구. 용인대학교 무도연구소지. 14(2). pp.133－139.

김철(1986). 태권도교육론. 익산: 원광대학교 출판국.

김형묵(1977). 태권도 경기에서 빗차기가 승부에 미치는 영향. 경희대학교 교육대학원, 석사학위논문.

권오민·장권·최광근(2011) 태권도 개론. 서울: 형설출판사.

대한태권도협회(2011). 품새 경기규칙.

대한태권도협회(2011). 국가대표시범단 시범 프로그램.

대한태권도협회(2019). 국가대표시범단 시범 프로그램.

박천재(1985). 태권도의 겨루기 기본거리와 돌려차기 거리간의 관계연구. 한국체육대학 대
　학원. 석사학위논문.

박철희(1958). 파사권법 – 공수도 교범. 서울: 일문사.

서병문(2003). 문화콘텐츠는 미래 경쟁력이다. 한국콘텐츠학회 종합학술대회 논문집.
　pp.2 – 17.

소병희(2000). 예술에 대한 지원 '논리적 근거와 현황'. 서울: 김영사.

송희영(2006). 공연예술경영 무엇을 어떻게 할까? 서울: 민속원.

송희영·박선미(2009). 공연예술축제기획. 서울: 민속원.

손천택(1990). 태권도 경기 공격유형의 탐색. 태권도학회 연구논문집, 2. pp.13 – 69.

양진방(2006). 태권도 지도법. 용인대학교 강의자료.

이규형·송형석·배형상(2005). 태권도란 무엇인가? 서울: 이문출판사.

이규형(2010). 태권도란 품새란 무엇인가? 서울: 오성출판사.

이동수(1977). 태권도 경기의 발차기 실태에 관한 조사분석. 경북대학교 대학원. 석사학위
　논문.

이문회·김수영·김미라(2007). 공연 제작의 과정과 실무. 서울: 연극과 인간.

이승국(1983). 태권도 경기의 돌려차기 기술분석과 득점부위에 관한 조사연구. 경희대학교
　교육대학원. 석사학위논문.

이원국(1969). 태권도교범. 서울: 진수당.

이원현(2009). 한국 넌버벌 퍼포먼스의 본질과 방향성에 대한재고. 공연과 리뷰. 제64호.
　pp.48 – 49.

이종우(1975). 태권도교본. 서울: 법학사.

이지은(2010). 태권도를 활용한 넌버벌 퍼포먼스의 공연 포맷 발전방안 연구. 한양대학교
　산업경영디자인대학원. 석사학위논문.

임신자(2005). 태권도 경기기술 유형 및 모형개발. 성균관대학교 대학원. 박사학위논문.

전시교(2004). 퍼포먼스에서 텍스트, 공연과 관객간의 관계에 관한 연구. 홍익대학교대학
　원 박사학위논문.

전정우·김영지·최영렬·방영진·김형돈(1998). 겨루기론. 서울: 대한미디어.

정국현·이경명(1994). 겨루기론. 서울: 오성출판사.

정성기(2004). 태권도 시범의 미학적 요소에 대한 고찰. 용인대학교 대학원. 석사학위논문.

정재은·안용규(2007). 무대예술로서 태권도의 가능성. 한국체육철학회지. 15(3). pp.23－44.

정재환(2008). 태권도시범의 미학적 가치. 한국체육대학교 대학원. 박사학위논문.

최영렬(2008). 태권도 시범론. 서울: 보경문화사.

최홍희(1966). 태권도교본. 서울: 성화문화사.

한국국제협력단(2009). 국제개발협력의 이해. 서울: 한울아카테미.

황기(1958). 당수도 교본. 서울: 오랑문화사.

호소명(1993). 신상성 역 스포츠 미학론. 서울: 가람 출판사.

Daeshik Kim, Allan Back(2002). 무도론. 서울: 교학연구사.

Joan M. Nelson(2000). Self－Defense. 서울: 대한미디어.

Rainer Martens(2007). Successful coaching. 서울: 대한미디어.

Steven D. Capener(1998). 동양 무도 수련관의 변천과 현대적 의미. 서울대학교 대학원. 박사학위논문.

http://biz.heraldm.com 해럴드경제(2007.7.10.).

http://ko.wikipedia.org/wiki. 위키 백과. 신체언어(2011. 11.30.).

http://ko.wikipedia.org/wiki. 위키 백과. 몸짓언어(2011. 11.30.).

http://www.joongang.co.kr 중앙일보(2006.12.1.).

http://www.kukkiwon.or.kr. 국기원 홈페이지(2011.5.10). 태권도 한마당.

http://www.koreataekwondo.org/ 대한태권도협 홈페이지(2010.5.4.).

http://www.mcst.go.kr 문화체육관광부(2011.9.9.).

http://www.yonhapnews.co.kr/ 연합뉴스(2010.11.7.).

http://www.wtf.org 세계태권도연맹 홈페이지(2011.12.20.).

저자소개

- 용인대학교 태권도학과 교수
- 국기원 8단
- 국기원시범단 단원, 주장, 코치
- 대한태권도협회 국가대표시범단 부감독(2008~현재)
- 태권도 한마당대회 종합격파 우승(1992)
- 월드컵 세계대회 우승(1996. 브라질)
- 세계군인선수권대회 우승(1996. 크로아티아)
- 세계 무예대회 우승(2003. 한마당 팀 대항 종합경연)
- 최초 "북한 평양시범" 국가대표시범단(2002)
- "신화" 최초태권도 공연 주연(2006)
- "탈" 태권도 공연 유럽투어 춘풍역(2012)
- 라오스 태권도대표팀 감독(1999)
- WT세계태권도품새선수권대회 한국대표팀 코치(2010)
- WT세계태권도품새선수권대회 한국대표팀 코치(2011)
- 2011년 세계유니버시아드대회 감독(중국)
- 세계대학선수권대회 한국대표팀 코치(2012)
- 2013년 올림픽 한국대표팀 코치(불가리아)
- WT세계태권도연맹 드림팀 감독(2016~2017)
- 2018년 아시안게임 한국대표팀 코치(인도네시아)
- Human Weapon 인간병기 태권도주인공(History.2008)
- WT세계태권도연맹 품새 국제심판 교육강사(2019~2020)
- ATU아시아 태권도연맹 교육분과 부위원장(2016~현재)
- 스포츠지도사 구술출제위원(2018~2019)
- 스포츠지도사 태권도 실기 및 구술완전정복 집필(2020)
- 국기원 및 대한태권도협회 겨루기, 시범, 심판교재집필

용인대학교 태권도학과의 곽택용 교수는 겨루기, 품새, 시범의 대표성을 가진 태권도의 정통가다. 선수 시절 월드컵 세계대회, 세계군인선수권, 세계무예대회에서 우승했고, 올림픽, 아시안게임, 세계품새대회, Sea game, 세계대학선수권대회, 유니버시아드대회에 감독·코치를 역임하며 지도자로서의 역량도 입증했다. 겨루기 선수 출신으로는 드물게 국기원과 대한태권도협회에서 시범단 단원과 지도자로 활약한 태권도인으로 히스토리채널 인간병기 태권도 편에서 전 프로미식축구선수 빌더프를 뒤 후리기 한 방으로 KO시킨 것으로 잘 알려져 있다.

현재 대한태권도협회 국가대표시범단 감독을 맡고 있으며 세계 각 대륙에 태권도 시범 전파하고 있다. 2008년 "신화"라는 공연에 주연배우로 참여하여 태권도 시범의 공연화를 하기 위한 첫걸음을 시도하였으며 "탈" 공연으로 유럽에서 성공리 공연을 펼쳤다. 태권도 시범의 공연예술로서 탈바꿈 시도는 계속되고 있다.

태권도 시범

초판발행	2020년 7월 30일
중판발행	2022년 3월 4일
지은이	곽택용
펴낸이	안종만·안상준
편 집	황정원
기획/마케팅	장규식
표지디자인	조아라
제 작	고철민·조영환
펴낸곳	(주) **박영사**
	서울특별시 금천구 가산디지털2로 53, 210호(가산동, 한라시그마밸리)
	등록 1959. 3. 11. 제300-1959-1호(倫)
전 화	02)733-6771
f a x	02)736-4818
e-mail	pys@pybook.co.kr
homepage	www.pybook.co.kr
ISBN	979-11-303-1038-1 93690

정 가   25,000원